중학생이 보는
역사
① 개념
교과서

중학생이 보는

다 통하는 역사 교과서

1판 1쇄 발행   2013년 2월 15일

집필	사각사각 논술연구소 연구진
기획	이봉순
편집	디박스
디자인	디박스
일러스트	강은옥(blog.naver.com/hayama84)
발행인	이연화
발행처	아주큰선물

주소	서울시 용산구 이촌동 한가람 Ⓐ 214-1002
대표전화	02-796-7411
대표팩스	02-796-7412
등록번호	106-09-23890

중학생이 보는

역사 ① 개념 교과서

선사시대~고려시대

이정미, 서유리, 김세정, 박은경 공저

아주큰선물

차례

머리말

학창시절에 선생님은 역사를 참 싫어했어요. 역사는 그저 다른 과목보다 몇 배나 더 노력해야 점수를 잘 받을 수 있는 암기과목쯤으로 생각했거든요. 역사가 얼마나 중요한지, 왜 배워야 하는지도 모른 채 외워야 할 내용을 무조건 머릿속에 집어넣으려고 애를 썼던 것 같아요.

그 시절에는 역사를 접할 수 있는 유일한 길이 국사 교과서밖에 없었어요. 궁금한 점이 있어도 찾아볼 책이 별로 없었지요. 몇 권 안 되는 참고서를 샅샅이 뒤져도 원하는 설명이 없으면 그것으로 끝이었어요. 그러다 보니 잠시 가졌던 의문과 호기심도 곧 생각 저편으로 사라지기 일쑤였지요.

학교를 졸업하고 한참 지난 후에 아이들에게 논술을 가르치면서 역사 책을 다시 펼쳤어요. 그런데 단순한 암기라고 생각했던 낱낱의 역사적 사실들이 실은 거대한 인과 과정의 법칙성 안에 촘촘히 연결되어 있다는 것을 발견했어요. 역사가 지루하고 따분한 과목이 아니라 광대한 지식과 생각거리, 무한한 상상력을 자극하는 지혜의 보물창고라는 것을 알게 되자, 그때부터 본격적으로 역사 공부에 빠져들기 시작했어요. 한 번 빠지면 결코 헤어 나올 수 없는 역사의 늪에 빠져버린 것이지요.

아이들과 함께 역사 논술 수업을 하면서 어떻게 하면 아이들도 나처럼 역사를 흥미진진한 것으로 느끼게 할 수 있을지 끊임없이 고민하게 되었어요. 역사를 공부하는 친구들이 좀 더 쉽고 재미있게 배울 수 있도록 도움을 주고 싶었으니까요. 이 책은 이런 고민에서 시작된 작은 결실이랍니다. 역사 공부를 하다가 의문이 생길 때, 전에는 분명히 알고 있었는데 갑자기 생각이 안 날 때, 어렴풋이 알고 있는 사실에 대해 정확하게 알고 싶을 때, 손만 뻗으면 찾을 수 있는 곳에 두고 친구에게 말을 걸듯 펼칠 수 있는 그런 책을 만들고 싶었어요.

　　역사 공부는 정확한 사실을 아는 데서부터 출발합니다. 그 위에 역사의 큰 줄기를 파악하면서 자신만의 관점을 세워나간다면 역사는 더 이상 책 속에만 존재하는 죽은 지식이 아니라 내 안에서 살아 숨 쉬는 거대한 생명체가 될 거예요. E. H. Carr가 말한 '과거와 현재의 끊임없는 대화'가 내 안에서 이루어지는 것이지요. 그 여정에 이 책이 늘 여러분과 함께하기를 바랍니다.

– 사각사각 논술 연구소 집필진 –

선사 시대

중 학 생 을   위 한   역 사 개 념 교 과 서

ㄱ   ☀

가락바퀴
신석기 시대의 방적기구(실을 뽑는 기구)

실을 뽑는 데 쓰는 도구로, 나무(가락)에 끼워 회전을 돕는 둥근 모양의 바퀴야. 중앙의 둥근 구멍에 축이 될 막대(가락)를 넣어 고정시켜 사용하지. 사용 방법은 간단해. 짧은 섬유의 경우는 섬유를 길게 이으며 뒤 꼬임을 주어 실을 만들고, 긴 섬유의 경우는 꼬임만을 주어 실을 만들며 사용했지. 가락바퀴를 사용했다는 것은 무엇을 의미할까? 신석기 시대의 의생활이 구석기 시대와 달라졌다는 것을 의미해. 구석기 시대에는 동물의 가죽으로 옷을 만들어 입었다면 신석기 시대에는 가락바퀴를 이용해 실을 뽑아 옷을 만들어 입었다는 것을 알 수 있지.

간석기

돌을 갈아서 만든 신석기 시대와 청동기 시대의 석기

돌의 전체 또는 필요한 부분을 부드럽고 매끈한 다른 돌에 갈아 만든 석기로 신석기 시대와 청동기 시대에 사용되었어. 마제석기라고도 하지. 뗀석기를 쓰임새에 맞게 날카롭게 하거나 다듬어 만든 도구라고 생각하면 돼. 뗀석기보다 정교하고 튼튼한 석기가 필요했던 신석기 사람들이 만들어낸 도구야. 간석기를 만드는 방법은 여러 가지가 있어. 필요한 부분을 자르는 방법, 돌을 갈아 날카롭게 만드는 방법, 구멍을 뚫어 만드는 방법 등이 대표적이지. 간석기는 주로 신석기 시대와 청동기 시대에 사용되었는데 한반도에서는 농사가 본격화된 청동기 시대에 더 활발하게 사용했어. 곡식이나 열매를 놓고 갈아 가루로 만드는 데 사용한 갈돌과 갈판, 땅을 파거나 가는 데 사용한 돌보습, 잡초를 캐거나 땅을 고르는데 사용한 돌괭이, 그물 끝에 돌을 매달아 고기잡이를 하는 데 사용한 돌그물추, 가운데 구멍에 막대를 끼우고, 회전시켜 실을 꼬는 데 사용한 가락바퀴 등은 신석기 시대의 대표적 간석기야. 또 곡식의 이삭을 추수할 때 사용하는 반달돌칼은 청동기 시대의 대표적 간석기지.

구석기

약 70만 년 전 돌로 도구를 만들어 사용한 시대

돌로 도구를 만들어 사용한 시기를 '석기 시대'라고 해. 석기 시대는 '구석기', '신석기'로 나눌 수 있는데 약 70만 년 전 한반도에 인류가 거주하기 시작한 시대를 구석기라고 하지. 구석기 시대 사람들은 처음에는 돌을 거의 그대로 사용했어. 그러다가 여러 가지 뗀석기를 만들어 사용했지. 구석기 시대 사람들은 주로 뗀석기를 이용해 사냥과 채집을 하면서 짐승과 물고기를 잡아먹거나, 식물의 열매나 뿌리를 먹고 살았지. 수렵과 채집 생활을 했기 때문에 한 곳에 머물 수가 없었어. 그래서 동굴에 거주하거나 막집을 짓고 살면서 이동 생활을 했지. 함경북도 웅기군 굴포리, 충청남도 공주 석장리 등 전국에 구석기 시대 유적이 분포되어 있고, 대표적인 유물로는 주먹도끼와 뼈 연모가 있어.

ㄷ

덧무늬 토기

토기의 겉면에 흙을 덧붙여 만든 신석기 시대의 토기

빗살무늬 토기와 함께 신석기 시대의 대표적인 토기야. 곡식을 저장하는 용도로 사용했다가 빗살무늬 토기가 널리 사용되면서 사라졌지. 빗살무늬 토기보다 앞선 시기, 즉 신석기 시대 전기에 주로 사용되었다는 걸 알 수 있지. 토기의 겉면에 띠 모양의 흙을 덧붙여 무늬를 내거나 토기의 표면을 손가락으로 집어 무늬가 돋게 하여 만든 토기를 바로 '덧무늬 토기' 라고 해.

뗀석기

구석기 시대에 사용한 돌로 만든 도구

구석기 시대에 사용했던 도구가 '뗀석기' 라고 했지? 뗀석기는 원하는 돌을 직접 때리거나, 뼈나 뿔 등 다른 물체로 돌을 간접적으로 때려서 만들어. 이렇게 돌을 깨뜨려 만든 석기가 바로 뗀석기야. 뗀석기에는 사냥을 하거나 짐승의 고기를 자를 때, 또는 땅을 팔 때 사용한 주먹도끼, 나무껍질을 다듬거나 짐승의 뼈를 찍는 데 사용한 찍개, 주먹도끼보다 작고, 끝부분이 뾰족해 짐승을 찔러 죽이거나 가죽에 구멍을 뚫을 때 사용한 찌르개, 동물의 가죽을 벗길 때 칼처럼 사용한 긁개, 나무껍질을 벗기거나 짐승의 뼈를 깎는 데 사용한 밀개 등이 있어. 주먹도끼는 구석기 전기에 다양한 용도로 사용되었고 찌르개, 밀개, 긁개는 구석기 중기에 각각 사냥 도구(찌르개)와 조리 도구(밀개, 긁개)로 사용되었어. 또 끝이 뾰족하여 찌르거나 가르는 데 사용된 슴베찌르개는 구석기 후기에 사용되었지.

막집
후기 구석기 주거지

구석기 시대 사람들은 동굴에 거주하거나 막집을 짓고 살았다고 했지? 막집은 후기 구석기의 주거지로 강가에 기둥을 세워 만든 집이야. 충남 공주군 석장리, 함경북도의 동광진이나 굴포리, 경기도 연천군 전곡리 등에서 그 흔적을 발견할 수 있어. 막집 집터의 크기는 동서 7.5m, 남북 7m 정도로 3, 4~10명의 가족이 살았을 것으로 추정할 수 있어. 막집의 집터는 구석기인들이 음식을 찾아 이동하는 집단 생활을 했고, 평등한 공동체 생활을 했다는 것을 보여주고 있지.

빗살무늬 토기

신석기 시대에 널리 사용한 고깔모양의 토기

밑은 좁고 위쪽으로 갈수록 넓은 고깔처럼 생긴 신석기 시대의 대표적인 토기야. 겉면에는 빗살무늬가 새겨져 있지. 이전의 덧무늬 토기나 이른민무늬 토기에 비해 더 널리, 오랫동안 사용되었기 때문에 신석기 문화를 빗살무늬 토기 문화라고 부르기도 해. 빗살무늬 토기는 곡식을 저장하거나 운반하고, 조리하는 등 실생활에서 아주 유용하게 사용했어. 빗살무늬 토기는 끝이 포탄 모양처럼 뾰족해. 그 이유는 뭘까? 신석기 시대에는 주로 강가나 바닷가에서 살았어. 땅이 아주 부드러웠겠지? 부드러운 땅에 파묻어 사용하거나 망태 같은 것에 넣어 들고 다니기 위해서 끝을 뾰족하게 만들었다고 해. 그리고 겉면에 새긴 빗살무늬는 토기를 구울 때 갈라지는 것을 막기 위한 것이지. 빗살무늬 토기는 한반도뿐만 아니라 만주, 일본 그리고 스웨덴, 핀란드 등에서도 출토되고 있어.

뼈바늘

동물의 뼈로 만든 신석기 시대의 바늘

신석기 시대의 유물로 '동물의 뼈로 만든 바늘'이라고 생각하면 돼. 뼈바늘은 바늘귀도 있고, 끝도 뾰족해서 오늘날의 바늘과 큰 차이가 없어. 앞서 말한 가락바퀴나 뼈바늘 등의 유물은 신석기 시대에 식물에서 실을 잣고, 천을 짜서 옷도 만들고 그물도 만들었음을 보여 주지.

샤머니즘

신석기 시대에 영혼을 숭배하는 신앙

신석기 시대에 농사를 짓기 시작하면서 사람들은 날씨에 많은 관심을 갖게 되었어. 날씨는 농사에 큰 영향을 미쳤기 때문이지. 사람들은 초월적인 누군가가 날씨를 주관한다고 믿게 되었지. 그러면서 종교적인 감정이 나타나게 돼. 이런 신석기 시대에 등장한 대표적 종교 중 하나가 바로 샤머니즘이야. 샤머니즘이란 하늘과 인간 세상을 연결시켜 주는 매개체인 샤먼(무당)이 신령이나 죽은 자의 영혼을 불러서 앞으로의 길흉을 알려주거나 예언할 수 있다고 믿는 신앙을 말해.

신석기

기원전 8,000년 경 새로운 석기(간석기)를 만들어 사용한 시대

한반도에서 신석기 시대는 기원전 8,000년 경에 시작되었어. '새로운 석기를 만들어 사용한 시대'라는 뜻으로 '신석기 시대'라고 부르지. 실제로 신석기 시대에는 뗀석기보다 튼튼하면서도 날카로운 새로운 석기, 바로 '간석기'를 사용했어. 신석기 시대에 들어서면서부터 인간은 목축과 농경을 시작했어. 해안가나 큰 강가에 살면서 농사를 짓고, 고깔처럼 생긴 움집을 지어 정착 생활을 했지. 이때 같은 핏줄의 씨족들이 모여 마을을 형성하면서 부족이 형성되었어. 또 가락바퀴와 뼈바늘을 이용해 옷을 만들어 입기도 했어. 이 시기의 사람들은 농사를 지으면서 자연에 관심을 갖게 되었고, 태양(애니미즘), 특정 동물

(토테미즘), 영혼(샤머니즘) 등을 숭배하는 종교 활동을 하기도 했지. 대표적인 유물로는 다양한 유형의 간석기와 빗살무늬 토기, 동물 모양을 새긴 조각, 조개껍데기 가면, 동물의 뼈나 이빨 등으로 만든 장신구인 치레걸이가 있어.

신석기 혁명

신석기 시대에 농사를 지으면서 생긴 모든 변화

신석기 시대에 농사를 지으면서 생긴 모든 변화를 '신석기 혁명'이라고 해. 농사는 과연 어떤 변화를 가져왔을까? 우선 농사도 짓고 가축도 기르면서 식량 생산이 가능해지자 더 이상 식량을 찾아 이동할 필요가 없어져 사람들은 움집을 지어 정착 생활을 하게 되었어. 같은 핏줄의 씨족들이 모여 살면서 마을을 형성했고, 더 나아가 여러 씨족이 모여 부족을 형성하기 시작했지. 그리고 부족 사회에서 경험이 많은 연장자를 부족장으로 세워 농사, 사냥 등 생산 활동을 지휘하게 했어. 농사 기술이 점점 발달하게 되고, 남는 식량이 생기면서 소유의 차이가 생기기 시작했고, 더 나아가 신분, 지위의 차이가 생기게 되었지. 결국 청동기 시대에는 사람들 사이에 불평등이 생기기 시작했고, 지배자와 피지배자로 나뉘는 계층 사회가 형성되지.

애니미즘

신석기 시대에 모든 사물에 영혼이 존재한다고 믿는 신앙 신석기 시대에 농사를 짓기 시작하면서 사람들은 날씨에 많은 관심을 갖게 되었어. 날씨는 농사에 큰 영향을 미쳤기 때문이지. 사람들은 초월적인 누군가가 날씨를 주관한다고 믿게 되었지. 그러면서 종교적인 감정이 나타나게 돼. 이런 신석기 시대에 등장한 대표적 종교 중 하나가 바로 애니미즘이야. 애니미즘이란 자연계의 모든 사물에 영혼이 존재한다고 믿고, 그 영혼을 인정하는 생각이나 신앙을 말해.

움집
신석기 시대의 주거 공간

신석기 시대의 대표적인 주거 공간이 바로 '움집'이야. 신석기 시대 사람들은 농경과 목축을 시작하면서 더 이상 식량을 찾아 이동할 필요가 없어졌어. 그래서 강가나 바닷가에 움집을 만들어 혈연을 바탕으로 모여 살게 되었지. 움집의 '움'은 땅을 파고 짚을 덮어 추위나 비, 바람을 막게 한 것을 말해. 땅을 파고 나무로 기둥을 세운 다음 짚, 또는 풀을 얹어 지붕을 만든 고깔 모양의 집이야. 땅을 파고 집을 지어 여름에는 바깥보다 시원했고, 겨울에는 더 따뜻했어. 움집은 보통 4~5명의 한 가족이 살 수 있는 크기로 한 가운데는 불씨를 보관하거나 불을 피울 수 있는 화덕이 있었어. 이 화덕은 요리를 할 때 이용했고, 난방의 효과도 있었어. 또한 음식을 저장해 두는 저장구덩이도 마련해 두었지. 암사동 선사 주거지에 가면 다양한 움집터 유적을 볼 수 있어.

이른민무늬 토기
신석기 시대에 사용한 무늬가 없는 토기

신석기 시대 유적에서 발견되는 민무늬 토기를 '이른민무늬 토기' 라고
해. 즉, 빗살무늬 토기, 덧무늬 토기와 함께 신석기 시대에 사용한 대표적
토기라는 것을 짐작할 수 있지. 이른민무늬 토기는 빗살무늬 토기와 달리
단조로운 문양이 가끔 있을 뿐 대체로 무늬가 없고 두꺼운 것이 특징이
야. 청동기시대 유적에서 발견되는 민무늬 토기와 구별하기 위
해 신석기 시대의 민무늬 토기를 '이른민무늬 토기' 라고 하지.

잔석기
날카로운 모양의 소형 뗀석기

잔석기는 뗀석기의 한 종류로 보통 3cm 이하로 작고, 날카로
운 특징을 가지는 석기를 말해. 중석기~신석기 초기에 성행한 소형
석기이지. 단독으로 사용되기도 했지만 대개 여러 개를 조합하여 나무나
뼈자루에 묶어 톱, 활, 창, 작살 등의 이음도구의 날로 사용했어.

중석기
구석기 시대가 끝나고 신석기 시대가 시작되기 전까지의 과도기

유럽에서는 구석기 시대가 끝나고 신석기 시대가 시작되기

전까지의 과도기를 중석기 시대라고 불러. 구석기 시대에서 신석기 시대로 넘어가는 전환기에 빙하기와 간빙기가 반복되면서 자연 환경은 많이 달라졌어. 사람들은 새로운 자연 환경 변화에 대응할 적합한 생활 방법을 찾으려고 노력했지. 큰 짐승 대신 빠르고 날쌘 작은 짐승을 잡기 위해 활을 만들었어. 따라서 이 시기의 석기들은 더 작고 견고해졌으며 전보다 더 지능적 방법으로 사용되었지.

토테미즘
특정 동물, 식물을 숭배하던 신앙

신석기 시대에 농사를 짓기 시작하면서 사람들은 날씨에 많은 관심을 갖게 되었어. 날씨는 농사에 큰 영향을 미쳤기 때문이지. 사람들은 초월적인 누군가가 날씨를 주관한다고 믿게 되었지. 이렇게 신석기 시대에 등장한 대표적 종교 중 하나가 바로 토테미즘이야. 토테미즘이란 특정 동물이나 식물이 자기 부족이나 씨족과 특수한 관계가 있다고 믿는 것을 말해. 부족의 기원을 특정 동물, 식물과 연결시켜 신성시하고, 숭배하게 하는 신앙이 바로 '토테미즘'이지.

청동기 시대

중 학 생 을 위 한 역 사 개 념 교 과 서

2

ㄱ ·· ☼

거친무늬 거울

청동기 시대의 번개무늬 거울

무늬선이 거칠고 지그재그를 이룬 번개무늬 형태로 구성된 청동기 시대 유물이야. 거울 뒷면의 문양이 정교한 잔무늬 거울과 구분해서 조문경(粗文鏡)이라고도 해. 거친무늬 거울 중 가장 오래된 형식이 요동성에서 전형적인 청동기 유물인 비파형 동검과 함께 출토되었어. 그에 비해 잔무늬 거울은 여러 유적에서 철기 시대 유물인 세형 동검과 함께 나왔지. 그래서 거친무늬 거울이 잔무늬 거울보다 시기적으로 앞선다는 것을 알 수 있어.

거푸집

청동기·철기 등 금속 도구를 제작하던 틀

거푸집은 주로 청동기·철기 등 금속 도구의 제작에 쓰였던 거야. 우리 나라에서 발견된 거푸집으로 가장 널리 알려진 것은 기원전 2세기에서 3세기 사이에 제작된 칼·방울·도끼·거울·낚시바늘 등의 청동기 제작에 사용된 것들이지.

특히 전라남도 영암에서 발견된 거푸집은 이 시기에 고도로 정교한 청동기가 제작되었음을 보여주는 유물이야. 청동기를 제작한 거푸집 중에는 한 번에 여러 개의 도구를 제작할 수 있도록 여러 도구의 형태를 하나의 거푸집에 새긴 것들도 있어.

삼국 시대가 되면 철기 제작이 매우 활발해지는데, 곳곳에서 철기를 제작한 유적이 발견되고 있지.

철기를 제작하던 거푸집과 청동기를 제작하던 거푸집은 차이가 있어. 청동기 제작용 거푸집이 주로 돌을 새겨 만들었다면, 철기 제작용 거푸집은 대부분 흙을 빚어 구워 만든 것들이야. 이러한 토제(土製) 거푸집은 석제보다 내구성은 떨어지지만 훨씬 더 쉽게 만들 수 있다는 장점이 있지. 그래서 당시 철기가 대량으로 생산되었다는 것을 입증하는 유물이라고도 볼 수 있어.

고인돌
청동기 시대의 대표적인 무덤 양식

우리 나라 청동기 시대, 부족의 우두머리나 세력이 큰 사람의 무덤이지. 보통 4개의 굄돌을 세워 돌방을 만들고, 그 위에 거대하고 평평한 돌을 얹은 것이 전형적인 고인돌의 형태라고 볼 수 있어. 고인돌 중에는 덮개 돌의 무게가 무려 수십 톤에 이르는 것도 있어. 당시 사람들은 어떻게 이렇게 무거운 돌을 운반했을까? 고인돌의 무게는 곧 지배자의 힘과 권위를 상징하는 것이라고 할 수 있어. 이는 수많은 사람을 동원하여 거대한 무덤을 만들고 자신의 권위를 드러내려 한 지배자가 등장했다는 것을 의미해. 지배 계급은 죽어서도 살아 있을 때와 똑같은 생활을 누린다고 믿었거든. 그래서 무덤에 여러 가지 껴묻거리를 함께 묻었지.

군장 국가

우리 나라 역사에 처음으로 등장한 국가 형태

이전에는 부족 국가 또는 성읍 국가로 불렸지. 청동제 도구의 사용으로 생산 경제력이 늘어나면서 이를 토대로 강력한 씨족이 된 무리들이 생겨나기 시작했어. 정복 전쟁이 잦아지면서 강자와 약자의 차이가 생겨나고 평등사회가 아닌 지배자와 피지배자가 있는 계급 사회로 전환되기 시작한 거야. 당시 정치 권력을 가진 지배자를 군장이라 했지. 이같은 부족 국가보다 한 단계 발전된 형태의 정치 집단이 도처에 형성되었는데 이를 군장 국가라고 해. 고조선, 부여, 고구려, 옥저, 동예 등이 초기 군장 국가의 형태를 띠며 성장했지.

돌널 무덤

깬돌 또는 판돌을 잇대어 널을 만들어 사용한 무덤

돌널 무덤은 고인돌보다 발전된 무덤 양식이야. 땅을 파고 돌널(석판)을 사방으로 둘러 벽을 만들고 시신을 안치했지. 우리나라의 돌널 무덤은 청동기 시대 거의 전 기간 전역에 걸쳐 분포했다고 볼 수 있어.

돌널 무덤은 고조선의 역사와 문화를 규명하는 데 중요한 유물이야. 한반도에서는 비파형 동검을 죽은 사람과 함께 매장한 돌널 무덤이 여러 곳에서 발견되었어. 대표적인 것으로 금강 유역의 충남 부여 송국리 돌널 무덤과 대동강 유역의 황해도 배천 대아리 돌널 무덤이 있지. 그리고 돌널 무덤에서 세형 동검이 함께 매장된 예로는 황해도 천곡리 무덤이 있어.

돌무지 무덤

신석기 시대부터 삼국 시대 초기에 걸쳐 축조된 무덤 양식

신석기 시대부터 삼국 시대 초기에 걸쳐 축조된 무덤 양식으로, 적석총이라고도 해. 중앙에 돌널을 넣고 그 위에 냇돌을 덮은 무덤과 기단이 있는 무덤, 돌방이 있는 기단식 무덤 등이 있어. 지금까지 발견된 선사 시대의 돌무지 무덤은 주검 위에 막돌을 쌓아 만들거나, 돌널 위에 돌을 쌓은 단순한 형태야.

흔히 돌무지 무덤은 고구려·백제 초기의 무덤을 말하는데, 압록강과 한강 유역에 많이 분포되어 있어. 대표적인 유물로 지린 성 지안의 장군총을 들 수 있지. 장군총은 7단으로 쌓은 방형 기단식 무덤으로 안에 돌방과 널길을 갖추고 있는 대표적인 돌무지 무덤이야. 한강 유역의 돌무지 무덤은 고구려 돌무지 무덤의 계통을 이어받아 백제에서 만든 것으로 보여.

지린 성 지안에 있는 고구려의 장군총과 서울 송파구에 있는 백제의 석촌동 무덤은 같은 양식을 취하고 있는데, 이는 백제 건국을 주도한 세력이 고구려계 유·이민이라는 사실을 뒷받침해 주는 중요한 단서야.

미송리식 토기
미송리에서 발견된 청동기 시대를 대표하는 유물

미송리에서 발견되었다 해서 '미송리식 토기'라는 이름이 붙여졌는데, 몸체에 손잡이가 한 쌍이나 두 쌍이 달려 있고, 윗부분에 가로 줄무늬가 새겨져 있어.

요하 동쪽 지역과 한반도 북부 지역인 압록강 상류와 청천강 유역에 주로 분포되어 있는데, 비파형 동검과 더불어 고조선의 세력 범위를 연구하는 데 중요한 단서라고 할 수 있지.

미송리식 토기는 황해도에서 발견된 팽이형 토기나 중국에서 발견된 삼족 토기와도 뚜렷한 차이를 보여. 미송리식 토기가 나타나는 지역에서는 팽이형 토기나 삼족 토기가 나타나지 않아. 이렇듯 미송리식 토기가 출토되는 지역에서는 다른 토기들이 나오지 않는 데다가, 문헌상으로 고조선의 영역과도 맞아떨어지기 때문에 고조선의 세력 범위를 예측하는 데 큰 기준이 되는 유물이야.

민무늬 토기(무문 토기)

청동기 시대의 대표적인 토기

신석기 시대에 유행하던 빗살무늬 토기가 청동기 시대에 들어오면서 점차 소멸하고 대신 각지에서 다양한 모습의 무늬 없는 토기가 널리 사용되었어. 빗살무늬 토기는 뾰족 바닥과 둥근 바닥이 많지? 민무늬 토기는 그에 비해 대부분 납작 바닥이라는 점과 그릇에 목이 달린 토기가 많은 것이 특징이야.

사발·보시기·접시·잔·항아리 등 다양한 종류의 민무늬 토기는 지역별로 형태상 각기 다른 특색을 보여. 압록강 하류 유역의 미송리식 토기, 압록강 중류 유역의 공귀리식 토기, 두만강 유역의 공렬 토기, 청천강 이남의 평안도와 황해도 지역의 팽이형 토기, 한강 유역의 가락식 토기, 충남 일원의 송국리식 토기 등으로 구분할 수 있지.

초기 철기 시대에 유행한 검은간 토기와 덧띠 토기 등도 민무늬 토기의 범주에 포함할 수 있어. 민무늬 토기는 BC 300년 경부터 철기 문화와 함께 나타난 두드림무늬 토기가 등장하면서 점차 사라지게 되었어.

바퀴날 도끼(환상석부)

둥근 달처럼 생긴 도끼로 청동기 시대의 독특한 형태를 지닌 유물

청동기 시대의 집자리나 고인돌 무덤 유적에서 나오는 유물이야. 환상석부라고도 하고, 모양이 둥근 달처럼 생겨서 달도끼라고도 해. 용도는

확실하지 않지만 주거지에서 출토된 것들이나 사용 흔적이 많이 남아 있는 것들로 봤을 때 실제로 타격용 무기로 사용한 것도 있고, 장식적인 측면이 있는 것은 도끼로 쓰였다기보다는 권위를 상징하는 의식용 도구로 제작된 것으로 보여.

바퀴날 도끼는 톱니날 도끼(별도끼)와 함께 청동기 시대의 독특한 형태를 지닌 유물이야. 이 도끼를 사용하던 주무대는 청동기 시대에 일찍부터 정치적 선진 집단이 형성된 북부 지방이지. 도구가 사용된 연대는 확실하지 않지만 청동기 시대 전기에서 중기에 걸쳐 사용되었을 것으로 보여.

반달 돌칼(반월형 석도)
곡식의 이삭을 따는 청동기 시대 도구

긴 배모양의 돌칼로 곡식의 이삭을 따는 데 썼던 청동기 시대 도구야. 반월형 석도라고도 하며 한반도 전역에 걸쳐 출토되고 있어.

반달 돌칼은 시간과 지역에 따라 네모 모양, 반달 모양, 세모 모양으로도 제작되었지. 청동기 시대에는 곡식 재배 기술이 지금처럼 발달하지 않아서 곡식을 한 번에 수확하기가 어려웠어. 그래서 반달 돌칼을 먼저 익은 이삭부터 하나씩 따는 수확 도구로 이용했지. 몸체 가운데에 두 개의 구멍을 뚫고 끈을 끼워서 그 사이에 손을 넣어 사용하도록 했어. 반달 돌칼은 농경에 쓰인 도구임이 분명해. 하지만, 수확의 도구이지 곡물 재배를 위한 도구는 아니어서 농경의 시작과는 밀접한 관련이 없어. 돌칼은 돌낫과 함께 청동기 시대 후기까지 주요 수확 도구로 사용되었어. 그러다가 초기 철기 시대에 이르러서는 철제 반달칼·철제낫 등으로 대체되었지.

붉은간 토기

신석기 시대와 청동기 시대에 사용한 토기야.

고운 흙을 바탕으로 만들고, 표면에 산화철을 바르고 반들거리게 문질러서 굽거나 적색 안료를 바른 토기야. 청동기 시대의 고인돌, 돌널 무덤에서 주로 발견되었는데 집터에서 출토되는 경우도 많아졌다고 해. 남해안 지방에서는 신석기 시대 유적에서도 산화철을 바른 토기가 발견되고 있지.

붉은간 토기가 발굴되던 초기에는 원래 고인돌 등 무덤에서 발견되었다는 점과 토기의 질 등을 볼 때 생활용이 아닌 특수 토기라고 생각했대. 그런데 신석기 시대의 조개무지 및 집터에서도 많이 발견되고 있어서 실제 생활에서도 사용한 것으로 보여. 즉, 붉은간 토기는 신석기 시대부터 사용하기 시작해 민무늬 토기 문화의 전기에 성행했다고 추측할 수 있어. 또 청동기 시대부터 초기 철기 시대까지 사용한 검은간 토기보다는 앞서 유행한 토기라고 볼 수 있지.

비파형 동검

비파처럼 생긴 청동기 시대의 칼

청동기 시대에 지배자들이 사용하던 청동검의 일종이야. 가장 오래된 비파형 동검은 기원 전 10세기 무렵의 것으로 중국 랴오닝 지방에서 출토된 것으로 추정해. 한반도에서 출토된 것은 기원전 7세기 전후의 것으로 지배 계층과 집단의 출현을 상징하는 고조선의 표지 유물 가운데 하나야.

최근에 한반도 전역에서도 많은 양의 비파형 동검이 출토되고 있어. 특히 청동 도끼 거푸집과 함께 출토되고 있는데, 이는 한반도에서도 비파형 동검이 제작되었다는 것을 입증하는 증거야. 이로써 한반도를 비파형 동검 문화의 변방이 아닌 새로운 중심지로 설정할 수 있게 된 거지.

철기 시대

중 학 생 을 위 한 역 사 개 념 교 과 서

검은간 토기
청동기 시대부터 철기 시대 초기에 걸쳐 사용된 토기

청동기 시대부터 초기 철기 시대에 걸쳐 사용된 철기 시대의 대표적인 토기야. 표면에 흑연 등의 광물질을 바르고 나무로 만든 도구를 이용하여 연마해 광택이 있는 검은 색을 낸 토기지. 대부분 목이 길고 몸체가 둥근 항아리류가 많아.

과하마
조랑말의 한 품종

과하마는 조랑말의 한 품종으로 고구려와 동예의 특산물이었어. 몸집이 작아서 과일나무 밑을 지나갈 수 있는 말이라는 뜻으로 '과하마' 라고 이름 붙였어. 특히, 고구려에서는 시조 주몽이 탔다는 전설이 전해지고 있고, 동예에서는 중국과의 주요 교역품의 하나가 바로 과하마였어. 1986년 2월 8일 천연기념물 제347호로 지정되었고 제주마, 토마, 삼척마라고도 불러.

ㄷ ☀

단궁

박달나무로 만든 짧은 활

단궁(檀弓)은 박달나무로 만든 동예의 대표적 활이야. 크기는 작지만 튼튼하고 탄력이 좋아 멀리까지 날아갔으며 파괴력도 상당했다고 해. 크기가 작다고 해서 단궁의 '단'이 짧을 단(短)이라고 생각하는 경우가 많은데《삼국지》위지 동이전에는 '박달나무 단(檀)'이라고 나와 있지. 동예의 특산물로 중국에까지 널리 알려졌던 유명한 활이야.

덧띠 토기

그릇 입구에 덧띠 모양의 흙을 덧붙여 무늬를 낸 철기 시대 토기

그릇 입구에 단면이 원형·타원형·삼각형인 덧띠 모양의 흙을 덧붙여 무늬를 낸 토기로 점토대 토기(粘土帶土器)라고도 해. 덧띠 토기는 검은간 토기와 함께 철기 시대에 사용한 대표적 토기지. 덧띠 토기의 입구에 붙은 띠는 초기에는 단면이 원형으로 나타났고, 점차 타원형의 모습을 보였어. 그러다가 후기에는 단면이 삼각형인 띠를 붙였다고 해.

동예
고조선 이후 강원도의 북부 동해안 지역에 자리잡은 나라

　　우리 나라 최초의 국가인 고조선이 사라질 무렵 한반도에는 우리 민족의 여러 집단이 부족 단위로 세력을 키워가다가 국가로 발전했어. 동예는 그 시절 옥저와 함께 한반도 북부 동해안 지방에 자리잡은 나라야. 고구려의 압박을 많이 받은 탓인지 옥저와 동예의 각 읍락에는 읍군, 삼로 등으로 불린 군장은 있었으나 왕은 존재하지 않았지. 따라서 정치적으로 뒤떨어진 군장 국가에서 더 이상 발전하지 못하고 고구려의 지배를 받다가 광개토대왕 때 대부분 고구려 영역으로 편입되었고, 결국 고구려에 정복당해 그 일부가 되었지.

　　강원도 북부에 위치한 동예는 해산물이 풍부했고, 농사도 잘 되는 곳이었어. 동예에는 '무천'이라는 제천 행사가 있었고, '책화'라는 독특한 풍습이 있었지. 책화는 씨족 간의 경계를 침범할 경우 침범자가 소, 말, 노예로 변상하는 것을 말해. 또한 동예에는 '족외혼'이라는 풍습도 있었어. '족외혼'은 같은 씨족 내에서 결혼하는 것을 막기 위한 것으로 씨족원이 다른 씨족원과 혼인을 하는 것이지. 동예의 특산물로는 단궁과 과하마가 있어.

마가·우가·저가·구가
부여의 귀족 중 가장 높은 중앙 관리

부여의 귀족세력 중 가장 높은 중앙 관리로 4명의 '가(加)'가 있었는데 마가(馬加)·우가(牛加)·저가(猪加)·구가(狗加)라고 불렀어. 부여의 지배 신분층을 형성한 중앙의 귀족세력이었지. '마(馬)'는 '말', '우(牛)'는 '소', '저(猪)'는 '돼지', '구(狗)'는 '개'를 뜻하지. 지배 신분층 명칭에 가축의 이름을 붙였다니 조금 이상하지? 부여는 목축이 발달한 나라였어. 또 목축을 아주 중요하게 여겼지.

부여의 왕은 중심부를 다스렸고, 나머지 지역은 넷으로 나누어 네 명의 관리가 다스리도록 했어. 이렇게 넷으로 나누어진 지역을 '사출도(四出道)'라고 했어. 사출도의 한 도를 맡아 다스리던 관리가 바로 '마가(馬加)·우가(牛加)·저가(猪加)·구가(狗加)'인 거지. 이들은 자기가 다스리는 '도' 안에서는 왕과 같은 강력한 권한을 가지고 있었어. 상대적으로 왕의 세력은 그리 강하지 못했어. 4명의 '가'는 왕이 정치를 잘못하면 쫓아내거나 심지어는 죽이기도 했지. 가는 여기서 대인이라는 뜻이야.

명도전
칼 모양의 철기 시대 화폐

명도전(明刀錢)은 칼 모양의 화폐를 말해. 철기 시대의 유물로 표면의 앞면에 '명(明)'이 새겨져 있기 때문에 붙여진 이름이야. 뒷면에도 여러 가지의 글자가 새겨져 있는데, 특히 우(右), 좌(左), 행(行) 자가 많이 새겨져 있어.

명도전은 '오수전, 반량전'과 함께 우리 나라에서 사용되었던 중국 전국 시대의 화폐야. 중국의 화폐가 발견되었다는 것으로 보아 중국과 교류했다는 것을 알 수 있지.

무천
동예의 제천 행사, 하늘의 춤

동예의 제천 행사를 '무천'이라고 해. 제천 행사는 하늘을 숭배하고 하늘에 제사를 지내는 의식으로 농사의 풍요를 기원하고 추수를 감사하기 위해 지내는 '감사제'라고 볼 수 있어. 그렇기 때문에 고구려의 '동맹', 동예의 '무천' 등 철기 시대 제천 행사는 추수를 하는 시기인 10월에 행해졌지. 다만 삼한에서만 5월과 10월에 두 번 지냈고, 부여의 '영고'는 음력 12월에 행해졌어. 무천은 해마다 10월에 지내는 동예의 제천 행사로 하늘에 제사 지내고, 밤낮으로 술을 마시며 노래하고 춤을 추고, 죄수를 풀어 주기도 했다고 해. 그리고 《삼국지》 위지 동이전에는 '호랑이를 신으로 여겨 제사를 지냈다.'라는 기록도 있지.

민며느리제
여자가 어렸을 때 남자 집에 가서 살다가 성인이 되면 결혼하는 제도

'민며느리제'는 옥저 지방의 혼인 풍습이야. 여자가 10세가 되면 약혼을 하고 신랑의 집으로 가서 자라게 되지. 여자가 자라 성인이 되면 다시 여자의 집으로 돌려보냈다가 남자 측에서 대가를 지불한 후 시집

을 가는 제도야.

그러나 이 절차는 일반적인 풍속이라고 보기 어려워. 민며느리제가 행해진 원인은 고구려에서 옥저의 처녀들을 탈취하여 첩으로 삼는 경우가 있었기 때문이야. 남자의 집에서 여자를 어릴 때 데려와 그를 보호하고 신부를 미리 확보해 순결을 보존하려는 거지. 주로 빈곤층에서 경제적 이유로 행해진 경우가 많아. 이는 여자를 재산으로 간주하고, 딸을 시집보낼 때는 양육비를 지불하도록 하는 풍습이 담겨 있는 제도지. 민며느리제는 고려, 조선 시대에도 천민 계급에 일부 계승되었다고 해.

 ⋯⋯⋯⋯⋯⋯⋯⋯⋯⋯⋯⋯⋯⋯⋯⋯⋯⋯⋯⋯⋯⋯⋯⋯⋯⋯⋯ ☀

부여
만주 일대에서 성장한 철기 시대의 나라

부여는 만주 일대, 쑹화 강 유역 넓은 평야 지역을 바탕으로 성장한 나라야. 고구려의 주몽이 고구려를 건국하기 전 부여에서 살았다는 것은 알고 있지? 백제는 주몽의 아들 온조가 세운 나라니 고구려, 백제 모두 부여 계통이라는 것을 알 수 있어. 그만큼 초기 부여는 다른 나라에 비해 발전한 나라였어. 부여는 특히 목축이 발달했지. 말, 돼지, 소, 닭, 개 등 다양한 가축을 길렀는데 그 중 말이 가장 유명했어. 부여의 말은 '명마', '신마'라고 부를 정도로 몸집이 크고 날랬지. 이 때문에 부여인들의 기마술은 아주 뛰어났지.

부여의 왕은 부여의 중심인 '부'를 다스렸고, 나머지 지역은 넷으로 나누어 부여의 높은 관리 '가(加)' 층이 독자적으로 다스리게 했지. 이렇게 나눈 네 지역을 '사출도'라고 했고, 사출도를 다스리는 네 명의 가는 '마가, 우가, 저가, 구가'라 했어. 이는 각각 '말, 소, 돼지, 개'를 뜻하는 말에 귀한 사람이라는 존칭어인 '가'를 붙여 만든 이름이야. 높은 관리의 이름에 이렇게 가축의 이름을 붙일 정도로 목축을 중요하게 생각했지. 부여는 이렇게 '사출도'와 왕이 다스리는 '부'가 모여 '5부'를 이루었어. '사출도'는 '가'가 다스리는 독자적 지역이라고 했지? 사출도 안에서 '가'는 왕과 다름없는 존재였어. 상대적으로 왕의 세력은 그리 강하지 못했지. 따라서 왕이 정치를 잘못하거나 흉년, 천재지변이 일어나면 그 책임을 왕에게 물어 왕을 쫓아내거나 죽이기도 했지. 하지만 왕이 죽으면 껴묻거리(시체와 함께 묻는 폐물, 그릇, 연장들)를 함께 묻거나 '순장'을 하는 장례 풍습이 있었어.

부여에는 '1책 12법'이라는 법이 있었어. '살인자는 사형에 처하고 그 가족은 노비로 삼는다.', '도둑질한 자는 물건 값의 12배를 배상한다.', '간음한 자는 사형에 처한다.', '부인이 질투하면 사형에 처한다.' 라는 내용을 담고 있지. 법이 무척 엄격하지? 법의 내용을 통해 남성 중심의 사회였고, 사유재산을 중요하게 생각했다는 것을 알 수 있어. 초기 철기 국가들과 마찬가지로 부여에도 제천 행사가 있었는데 이를 '영고'라고 불렀어. 부여의 제천 행사는 다른 나라와 달리 음력 12월에 열렸다고 해.

부여 사람들은 흰색을 숭상하여 흰옷을 즐겨 입었어. 부여의 옷은 저고리 소매가 매우 넓은 것이 특징이지.

3세기 후반에 접어들면서 주변국의 정세가 급속히 변화하며 부여는 많은 변화를 맞이하게 돼. 부여는 평야지대에 자리잡고 있어서 농경과 목축에는 유리했지만 다른 나라의 침략을 방어하는 데는 불리했어. 3세기 종반 이후 중국의 통일세력이 무너지고 동아시아 전체는 격동의 시기에 접어들게 되었지. 남쪽에서는 고구려의 압력이, 서쪽에서는 선비족의 압력이 가해지며 부여는 점점 세력이 약해졌지. 결국 부여는 410년 광개토왕에 의해 일부 병합되었고, 5세기 말 494년(문자왕 3)에 고구려에 합병되며 마침내 소멸하였지.

사출도

부여의 지방 지배 구조

부여의 지방 지배 구조를 '사출도'라고 해. 부여의 왕은 중심부만 직접 다스리고 지방을 정확히 4개의 구역으로 구분해 부여의 관리인 '가'가 다스리도록 했어. 즉, 수도가 있는 중앙 지역은 가장 강력한 부족이 다스리고, 이 중앙 부족을 중심으로 전국을 4개의 구역으로 나누어 그 지역의 가장 우세한 부족들이 각각 한 구역씩 장악하고 중앙 부족이 이를 인정해 부족 연맹을 형성한 거야. 이렇게 4개로 나누어진 지역을 '사출도'라고 했어.

사출도를 다스린 부족장들을 '마가, 우가, 저가, 구가'라고 불렀는데 이는 가축의 이름을 딴 것이야. 이 네 명의 '가'는 왕 아래 있는 관리이지만 각자 자기가 다스리는 '도'에서는 왕과 같은 권력을 가지고 있었어. 따라서 왕이 정치를 잘 못하거나 흉년이 들면 왕을 쫓아내기도 했지.

《삼국지》 위지 동이전

진나라의 학자 진수가 편찬한 책으로 우리 나라 고대 국가에 대한 사실이 실려 있음

《삼국지》는 진나라의 학자 진수(陳壽 : 233~297)가 편찬한 것으로 〈위지(魏志)〉 30권, 〈촉지(蜀志)〉 15권, 〈오지(吳志)〉 20권으로 되어 있어.

〈위지〉는 총 30권으로 왕의 역사를 기록한 기(紀)가 4권, 왕을 제외한 여러 사람의 전기를 기록한 열전(列傳 : 傳)이 26권 실려 있지. 〈동이전〉은 제일 마지막 권 30의 오환(烏丸)·선비(鮮卑) 다음에 실려 있는 것으로 '동쪽 오랑캐들에 대한 기록' 정도로 해석할 수 있어. 〈동이전〉에는 우리 나라 고대 국가의 이야기가 많이 실려 있지. 〈동이전〉은 서(序)·부여·고구려·동옥저·읍루·예·한·왜인의 순서로 되어 있어. 서에는 중국인의 입장에서 주변 종족에 대해 관심을 갖는 이유에 대한 기록이 있고, 부여전에는 부여의 위치, 영역, 풍습·산물 등에 대한 기록과 순장에 대한 기록이 있어. 고구려의 경우에도 제천행사·혼인풍속 등과 후한 때부터의 관계를 자세히 기록하고 있지. 이는 초기 고구려 사회에 대한 〈삼국사기〉의 기록을 보완하는 자료로 이용되기도 해. 한편, 옥저전에서는 고조선에 복속했던 사실, 한군현과의 관계, 고구려에 복속한 사실 등과 옥저의 풍속을 기록했어. 예전에서는 책화 풍습과 함께 과하마가 유명한 예족의 생활을 기록했지. 한전에는 마한·진한·변한을 함께 서술하고 있어. 그리고 신지·읍차 등 삼한 수장의 명칭을 소개했어. 또 소도에 관한 내용과 철의 생산과 교역을 기록하기도 했지. 이렇게 《삼국지》 위지 동이전은 우리나라 고대 국가의 생활상과 풍속 등 여러 가지 사실을 자세히 전하고 있어. 이러한

점에서 고대사 연구에 중요한 문헌으로 이용되지. 부여의 영고, 고구려의 동맹, 동예의 무천, 삼한의 5월제와 10월제 등 제천 행사의 모습과 정치 조직에 대해 알 수 있는 것도 동이전을 통해서야. 하지만 《삼국사기》와 《삼국지》 위지 동이전의 기록이 때로는 많은 차이를 보이기도 해. 동이전은 어디까지나 중국인의 눈에 비친 한국 고대사회에 대한 기록이라는 점을 명심해야겠지? 예를 들어 중국과 평화적인 관계를 유지했던 부여는 '후덕하여 다른 나라를 침략하지 않는다'고 평가했어. 반면, 중국과 자주 충돌하면서 성장한 고구려에 대해서는 '흉악하고 급하며 노략질을 좋아한다.'는 대조적인 서술을 하고 있지. 이는 두 나라에 대한 객관적인 서술이라기보다 중국의 입장을 반영한 주관적 서술이라고 볼 수 있지.

중국인들이 위지에 외국열전을 포함시킨 것은 자신의 나라인 위를 정통으로 봤기 때문이야. 그리고 위나라가 중국 주변의 여러 민족들과 가장 활발히 접촉했기 때문이라고 볼 수 있지.

삼한

한반도 남쪽에 자리한 약 80개의 연맹체

고조선이 한반도 북쪽에 자리하고 있을 때 한반도 남쪽, 즉 한강 이남에는 '진(辰)'이라는 나라가 있었어. 고조선은 한나라와 진나라의 중계 무역을 하기도 했지. 고조선이 멸망한 이후 고조선의 많은 유민들은 진나라로 이동했고, 이들을 통해 새로운 문화를 받아들여 약 80개의 연맹체를 형성했어. 이 나라들은 크게 마한(馬韓)·진한(辰韓)·변한(弁韓)으로 묶여졌고, 이 세 나라를 통틀어 삼한이라고 해.

마한은 경기도, 충청도, 전라도 지방을 중심으로 분포한 54개의 소국을 말해. 그 중 '목지국'이라는 나라가 가장 커서 삼한의 대표국으로 막강한 영향력을 행사했다고 해. 초기 백제는 이 중 하나의 소국으로 목지국의 지배를 받았으나 백제의 세력이 확장되면서 결국 목지국도 백제의 고이왕 때 백제에 병합되고 말아.

변한은 지금의 김해, 마산 지역에 있었던 12개의 소국을 말해. 변한은 철의 생산이 많아 낙랑과 왜 등에 철을 수출하기도 했어. 변한 지역은 후에 가야 세력으로 통합되지. 진한은 대구, 경주 지역을 중심으로 한 12개의 소국으로 신라의 기틀을 마련하지.

삼한은 제정 분리 사회로 정치를 담당한 '군장'과 제사를 담당한 제사장 '천군'이 존재했어. 삼한의 지도자는 '신지, 견지, 부례, 읍차' 등으로 세력에 따라 다르게 불렸지. 그리고 제사장인 '천군'이 다스리는 지역이 따로 있었어. 이를 '소도'라고 불렀지. '소도'는 군장의 세력이 미치지 못하는 곳으로 죄인이 소도로 도망 오면 '신성한 곳'이라 하여 잡아가지 못하게 했지. 소도는 다른 나라에서는 볼 수 없는 특이한 모습이었지.

또한 삼한은 벼농사를 중심으로 한 농업이 발달했어. 따라서 대규모 저수지를 축조하기도 했지. 제천의 의림지, 김제의 벽골제, 밀양의 수산제 등은 삼한 시대에 만들어진 저수지로 지금까지도 남아있는 곳이야. 농경 위주의 사회였던 삼한은 5월의 수릿날이나, 10월에 추수가 끝난 뒤 각각 5월제와 10월제 등 제천 행사를 열었어.

삼한 지역은 자연환경이 좋고, 곡식이 풍부했어. 그래서 사람들이 명랑하고 쾌활한 성격을 지녔어. 또한 노래·춤·음주가 성행하였으며 특히 변한·마한 지역에는 비파와 같은 악기도 있었다고 해.

세형 동검

청동기 후기, 철기 시대 전기에 만들어진 가는 모양의 동검

　　세형 동검은 한반도에서 발견되는 청동기 시대 후기, 철기 시대 전기의 한국식 동검이야. 세형 동검의 원조는 '비파형 동검'이라고 해. 단, '비파형 동검'이 중국에서 들어온 동검이라면 '세형 동검'의 발생지는 한국으로 우리 나라만의 독자적 동검이라고 볼 수 있지. 따라서 몸통 가운데 굵은 허리가 있는 비파형 동검이나 중국식 동검과는 그 모양이 달라. 가는 모양의 동검이라는 뜻의 세형 동검은 보통 30cm 안팎의 검에 길이 2~3cm의 짧은 자루가 달려있는 것이 특징이지.

소도

삼한에서 제사장(천군)이 다스리던 신성한 지역

　　삼한은 제정 분리 사회로 정치를 담당한 '군장'과 제사를 담당한 '천군'이 따로 있었어. 따라서 제사장인 '천군'이 다스리는 지역이 따로 있었는데 이를 '소도'라고 해. 소도는 제사를 드리는 신성한 곳으로 해마다 1~2차에 걸쳐 제사장인 '천군'을 뽑아 제사를 지냈지. 소도는 매우 신성한 곳으로 죄인이 도망쳐 들어가도 잡지 못했고, 정치적 지배자인 군장도 함부로 하지 못한 곳이었어. 소도에는 신성한 장소라는 표시로 솟대를 세웠어. 솟대는 커다란 나무를 세우고 방울, 북을 매달아 놓은 것이지. 솟대는 촌락의 수호신 또는 경계의 상징으로 세웠던 거야.

순장

한 집단의 지배 계층이 사망했을 경우 다른 사람을 함께 묻는 풍습

순장(殉葬)은 '따라 죽은 순(殉)'과 '장사 지낼 장(葬)'을 합친 말로 산 사람을 죽여 죽은 사람과 함께 묻는 장례 방식을 말해. 즉, 한 집단의 지배 계층이 사망했을 경우 첩, 신하, 노비 등 다른 사람을 함께 묻는 풍습을 말하지. 《삼국지》 위지 동이전에 따르면 부여에는 순장 풍습이 있었다고 해. 순장 풍습으로 죽은 사람의 수가 백여 명에 달한다는 기록도 있지.

신지

삼한 시대 소국을 다스리는 정치적 지도자로, 세력이 가장 강한 군장의 칭호

삼한 시대 소국을 다스리는 정치적 지도자인 군장의 칭호야. 삼한 소국의 정치적 지배자들 중에서 가장 세력이 강한 자를 '신지'라고 해.

삼한의 신지는 소국의 중심에 거주하며 교역을 주관하고 소규모 집단들을 다스리는 정치적 지배권을 가진 존재였어.

《삼국지》 위지 동이전에는 '큰 나라의 우두머리를 신지라 부르고 그 다음을 검측이라 하였으며, 제일 하급을 읍차라고 불렀다'는 기록이 있어. 이로 보아 '신지, 검측, 읍차'라는 칭호는 격의 차이는 있어도 모두 군장에 대한 칭호라는 것을 알 수 있지. 그 중 신지는 제일 격이 높고 유력한 군장의 칭호야.

영고

부여의 제천 행사

'영고'라는 말은 '둥둥둥 북을 울리면서 신을 맞이한다.'는 뜻으로 부여의 제천 행사를 말해. 제천 행사는 하늘을 숭배하고 하늘에 제사를 지내는 의식으로 농사의 풍요를 기원하고 추수를 감사하기 위해 지내는 '감사제'라고 볼 수 있어. 그렇기 때문에 고구려의 '동맹', 동예의 '무천' 등 철기 시대 제천 행사는 추수를 하는 시기인 10월에 행해졌지. 그런데 부여의 '영고'는 음력 12월에 행해졌어. 음력 12월은 짐승을 수렵하여 제사를 지내는 달로 농경 활동과는 관계가 없어. 따라서 부여의 영고는 '농경의례'라기보다 수렵 사회의 전통을 이은 것으로 볼 수 있지.

옥저

고조선 이후 함경도 해안가에 위치한 나라

옥저는 함경도 해안가에 위치한 나라야. 해안가에 위치하여 해산물과 소금이 풍부했어. 토지가 비옥하여 농사도 잘 되었지만 수확물의 상당량을 고구려에 수탈당했지. 고구려의 압박을 많이 받은 탓인지 옥저와 동예의 각 읍락에는 읍군, 삼로 등으로 불린 군장은 있었으나 왕은 존재하지 않았지. 따라서 정치적으로 뒤떨어진 군장 국가에서 더 이상 발전하지 못하고 고구려의 태조왕에 의해 정복당하고 말아.

옥저 사람들은 고구려의 영향을 많이 받아 고구려와 음식, 옷, 주거공간, 예절, 성품 등 여러 면에서 비슷했어. 하지만 혼인풍속은 고구려와 정반대였어. 고구려에서는 신랑이 신부의 집에 가서 살다가 자녀를 낳은 뒤 신부가 처음으로 신랑 집으로 들어가는 '우례'가 행해졌어. 이를 '서옥제(데릴사위제)'라고 하지. 하지만 옥저에서는 신부가 10살이 되면 약혼을 하고 신랑의 집에서 미리 맞이하여 성인이 될 때까지 기르고, 성인이 된 후 친정으로 보내면, 신랑 집에서 대가를 지불한 후 시집을 가도록 하는 '민며느리제'가 행해졌어.

옥저에는 독특한 장례 문화도 있었어. 문이 달린 큰 목곽을 만들어 사람이 죽으면 다른 곳에 가매장하였다가 후에 그 뼈를 거두어 목곽에 넣어 매장하였어. 이와 같은 방식으로 한 가족을 모두 같은 목곽 속에 안치하여 가족 공동 무덤의 형태로 매장하였지. 또한 목곽 문 앞에 쌀을 담은 토기를 매달아 죽어서도 풍요로운 생활을 하길 기원했다고 해.

읍차

삼한 시대 소국을 다스리는 정치적 지도자로 신지보다 격이 낮은 군장

삼한 시대 소국을 다스리는 정치적 지도자인 군장의 칭호야. 《삼국지》위지 동이전에 따르면 삼한 시대 소국들은 그 규모에 따라 군장의 칭호가 신지·읍차 등으로 달랐다고 해. 읍차는 작은 나라의 군장에 대한 칭호로 신지보다 격이 낮은 군장을 칭하지. 따라서 정치적 지배자라기보다는 족장적 권위를 표시하는 의미가 더 많아.

잔무늬 거울
청동기 후기에서 철기 초기에 사용된 기하학적 무늬의 거울

'잔무늬 거울'은 청동기 후기에서 철기 초기에 사용된 거울이야. 거울 면이 약간 오목하며 뒷면에 세모, 네모꼴, 둥근 무늬 등의 가는 선으로 기하학적 문양이 배치되어 있고 가장자리에는 반원형의 테두리가 있지. 또한 가운데에서 약간 치우쳐 허리가 오목한 리본모양의 고리가 2, 3개 붙어 있어. 청동기 시대 전기에 사용되었던 거친무늬 거울에 비해 무늬가 다양하고 섬세해져서 잔무늬 거울이라고 해.

책화
씨족 간의 경계를 침범하면 소, 말, 노예 등으로 변상하는 동예의 풍습

동예는 각 씨족마다 생활권이 정해져 있어 씨족 간의 경계가 분명했지. 이러한 씨족 간의 경계는 함부로 침범할 수 없었어. 씨족 간의 경계를 함부로 침범해 수렵·어로·경작 등의 경제활동을 할 경우 침범자가 소, 말, 노예 등으로 변상하는 제도를 '책화'라고 하지.

형사 취수제

형이 죽으면 동생이 형수를 아내로 맞이하는 제도

부여, 고구려, 흉노 사회에서 행해진 제도야. 실례로 고구려 고국천왕의 아내 우왕비도 형사 취수제에 의하여 고국천왕이 죽고, 그의 동생 연우와 결혼하여 결국 연우가 산상왕이 되었지.

형사 취수제는 씨족사회에서 다른 씨족원이었던 여자가 자기 남편이 죽고, 다른 씨족의 남자와 재혼하여 전남편의 재산을 가지고 갈 경우를 방지하기 위해 생긴 것이라고 해. 즉, 씨족의 재산과 인적 손실이 생기는 것을 방지하기 위한 제도이지. 그러나 형사 취수제는 유교가 들어오면서 없어졌어. 유교 사회였던 조선 시대에는 형이나 동생이 죽고 난 뒤 형수나 제수를 아내로 삼을 경우 교수형에 처한다는 엄격한 법이 등장하기도 했어.

고조선

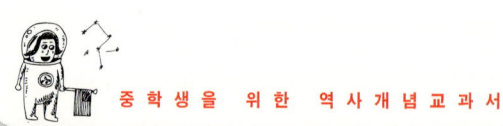

중학생을 위한 역사개념교과서

4

단군왕검
고조선의 시조

우리 민족이 세운 최초의 나라 고조선을 세운 사람이야. 천제 (天帝)인 환인의 손자이자 환웅의 아들로, BC 2333년 아사달에 도읍을 정하고 단군조선을 열었지. '단군'은 제사를 주관하는 제사장의 의미를 담고 있고, '왕검'은 정치를 주관하는 정치적 군장이라는 뜻을 갖고 있어. 한마디로 제정일치 사회의 최고 지배자를 말하지. 고조선과 단군왕검에 관한 기록은 〈위서(魏書)〉를 인용한 일연의 〈삼국유사〉에 실려 있어. 단군의 건국 이야기에 곰과 호랑이가 등장하는 것은 선사 시대에 형성되었던 토테미즘(특정 동물을 숭배하는 신앙)이 반영되었다는 것을 알 수 있어. 또 비, 바람, 구름을 주관하는 사람이 있었다는 것은 고조선이 농경사회를 배경으로 성립되었다는 것을 보여주고 있지.

미송리식 토기

청동기 시대 미송리에서 발굴된 민무늬 토기

평북 의주 미송리 동굴에서 처음 발견된 토기야. 밑이 납작하고 양쪽 옆으로 손잡이가 달려 있어. 청천강 이북, 요령성, 길림성 일대에서 발굴되는데 비파형 동검, 탁자식 고인돌과 함께 고조선의 세력 범위를 알 수 있게 해주는 중요한 유물이야.

신단수

단군신화에 나오는 신성한 나무

단군신화에 나오는 나무인데 고조선에서 제사를 지내던 장소를 말해. 원시 자연 종교에서는 예배를 드릴 때 돌무더기나 흙으로 단을 쌓아서 신단으로 삼았다고 해.

위만조선

위만 집권 이후의 고조선을 부르는 말

위만이 집권할 때부터 고조선이 멸망할 때까지의 시기를 위만조선이라고 불러. 기원전 206년, 중국은 진나라가 멸망하고 한나라가 세워지기 전 5년 간 전쟁이 끊이지 않는 혼란기를 겪었어. 이 전쟁을 피해 고조선으로 이주해 온 사람들이 많았는데 위만도 그 중 한 명이야. 위만은 중국 연나라에서 천여 명의 무리를 이끌고 왔어. 당시 고조선의 왕은 준왕이었어. 준왕은 위만에게 관직을 주고 다스리게 했는데 기원전 194년 몰래 세력을 키운 위만이 준왕을 몰아내고 왕위에 올랐다고 해. 위만은 고조선으로 들어올 때 상투를 틀고 조선인의 옷을 입고 있었고, 왕이 된 뒤에도 나라 이름을 그대로 조선이라고 했어. 이런 점으로 보아 위만의 고조선은 단군의 고조선을 계승한 것으로 볼 수 있어.

천부인

단군신화에 나오는 세 개의 인(印)

단군의 아버지 환웅이 천제(天帝) 환인으로부터 받아 가지고 내려왔다는 것으로, 〈삼국유사〉에 따르면 청동검·청동거울·청동방울의 세 가지로 추측되고 있어.

팔조금법

고조선 시대의 법률

고조선에 있었던 법으로, 범금팔조(犯禁八條)라고도 해. 중국의 《삼국지》 위지 동이전에 기록되어 있는데 8조 중 3조의 내용만이 〈한서〉 지리지에 전해지고 있어. 그 내용은 다음과 같아.

① 사람을 죽인 자는 사형에 처한다.

② 남에게 상처를 입힌 자는 곡식으로 갚는다.

③ 도둑질을 한 자는 노비로 삼는다.

이러한 법 조항으로 볼 때 고조선은 사람들의 생명과 재산을 중시하고 사회 질서를 유지하는 데 힘썼음을 알 수 있어.

홍익인간(弘益人間)
고조선의 건국이념

〈삼국유사〉의 단군신화에 나오는 말로 널리 인간세계를 이롭게 한다는 뜻이야. 우리 나라의 건국이념이자 교육이념이기도 하지. 여기에서 '인간' 은 오늘날처럼 사람을 뜻하는 것이 아니고 '사람들이 사는 세상' 을 뜻하는 거야. 단군신화를 보면, "옛날 환인의 아들 환웅이 천하에 뜻을 두고 인간세상을 다스리고자 했다. 아버지가 아들의 뜻을 알고 태백산을 내려다보니 인간을 널리 유익하게(弘益人間) 할 만 했다. 그리하여 천부인(天符印) 3개를 환웅에게 주어 인간세계로 보내 다스리게 했다"라는 내용이 있어. 즉 환인의 아들인 환웅이 이 땅에 내려와서 우리의 시조 단군을 낳고 나라를 열게 된 이념이 바로 홍익인간이었던 거야.

또한, 홍익인간은 우리 나라 교육이념을 대표하는 말이기도 해. 대한 민국 정부수립 후 〈교육법〉을 제정할 때, 문교부는 "홍익인간은 우리 나라 건국이념이기는 하나 결코 편협하고 고루한 민족주의 이념의 표현이 아니라, 인류공영이라는 뜻으로 민주주의 기본정신과 완전히 부합되는 이념이다. 홍익인간은 우리 민족정신의 정수이며 일면 기독교의 박애정신, 유교의 인, 그리고 불교의 자비심과도 상통되는 전인류의 이상이기 때문이다." 라고 했어. 그러므로 홍익인간은 우리 민족의 윤리 의식과 사상적 전통의 바탕을 이루고 있을 뿐만 아니라 경제와 사회, 복지와 정의에 대한 근본정신을 제시하는 사회적이고 실천적인 개념이라고 할 수 있어.

고구려

중 학 생 을 위 한 역 사 개 념 교 과 서

5

ㄱ

각저총
고구려의 벽화고분 중 하나

중국 지린성 지안현에 있는 고구려의 벽화 고분이야. 각저총의 서남쪽에는 무용총이 이웃해 있는데 축조 방식, 시기, 벽화의 내용 등 여러 면에서 무용총과 비슷해. 각저는 고구려의 씨름을 말하는데, 고분에 씨름 그림이 그려져 있어서 각저총이라 불러.

무덤의 모양은 방대형으로 압록강 유역의 다른 고분들과 같이 돌을 다듬어 쌓아올리고 그 위에 흙을 덮어 만들었고, 널방의 천장은 모줄임천장으로 되어 있어.

무용총과 각저총 같은 5세기 벽화 고분들은 무덤에 묻힌 이가 생전에 살던 집의 분위기와 같게 하기 위해 묘실의 네 귀퉁이에 붉은 색으로 기둥을 그려 넣는 치밀함까지 보이고 있다는 게 특징이지.

경당

고구려의 사립 교육 기관

고구려에서 평민 계층 자제들을 교육하기 위하여 설립한 사립 교육 기관이야. 고구려에는 상류 계층의 자녀를 가르치는 태학이 있었는데, 경당을 설치한 시기는 관학인 태학이 설립된 372년(소수림왕 2년) 이후야. 고구려가 도읍을 평양으로 천도한 이후인 것으로 짐작하고 있지.

계루부

고구려 5부(五部) 가운데 중심을 이룬 부족

고구려 5부(五部) 가운데 중심을 이룬 부족으로 왕족을 배출한 부족이야. 처음에는 소노부에서 왕위를 차지했는데, 제6대 태조왕 때부터 왕위 교체가 이루어졌지. 이로부터 왕족인 계루부의 대가들은 고추가라는 특별 칭호를 가지게 되었고, 고구려 5부의 중추적인 세력이 되었어.

관노부

고구려 5부족 가운데 하나

고구려는 원래 '소노부·절노부·순노부·관노부·계루부'라는 5부족이 연합하여 이루어진 나라야. 이 가운데 소노부와 계루부가 가장 세력이 강했고, 관노부는 그다지 강한 편이 못 되었어. 그래서 5부족 가운데 절노부가 왕비족을 차지하였던 초기에는 후궁들을 배출하는 데 그쳤지.

광개토대왕릉비

고구려 광개토대왕의 능비

중국 지린성 지안에 있는 고구려 제19대 광개토대왕의 능비야. '국강상광개토경평안호태왕' 이라는 광개토왕의 시호를 줄여서 '호태왕비' 라고도 해.

414년, 광개토대왕의 아들 장수왕이 국내성에 세운 비로, 우리 나라에서 가장 큰 비석이지.

고구려사를 비롯한 고대사 연구의 중요한 자료가 되고 있는 이 비문의 내용은 크게 세 부분으로 나눌 수 있는데 먼저, 서언 격으로 고구려의 건국 내력을 기록하고 있어. 그 다음으로는 광개토대왕이 즉위한 뒤의 대외 정복 사업에 대한 구체적인 사실을 연대순으로 새겼지. 그리고 마지막으로 묘의 관리 문제를 적었어.

그런데 오래 전에 세워진 비석이다 보니 비문이 훼손되어서 알아보기 힘든 부분도 많고, 비문을 해석하는 방법도 다양해서 문제가 되고 있어. 일본 역사 학자들 가운데 〈일본서기〉에 나오는 '임나일본부' 설을 뒷받침하는 근거로 비문의 일부를 내세우기도 해. 이는 한·일 간 고대 사학계에 커다란 논쟁이 되는 부분이야. 한·일 고대 사학계에서 최대의 논쟁이 되는 구절은 '倭以辛卯年來渡海破百殘□□□羅以爲臣民(□□□는 훼손된 문자)"이라는 부분이야. 이에 대해 일본은 "신묘년 왜가 바다를 건너와서 백제와 신라를 파해 신민으로 삼았다"라고 해석해. 그에 반해 우리 나라 역사 학자들은 "고구려가 왜를 깨뜨리고 백제가 신라를 신민으로 삼았다"라는 전혀 다른 해석을 내리고 있어. 신묘년은 서기 391년이야. 이 시기는 우리 나라에서 삼국이 한창 세력을 키워가던 시기였어. 그러니 당시는 일본이 사실상 우리 나라를 침략하기는 어려웠다는 거야. 이에 대해서는 일본 군인들이 광개토대왕릉비를 발견했을 당시 비문을 조작했을 것이라는 얘기가 있어.

이와 관련해 2010년 3월에 한일 역사공동연구위원회에서 '임나일본부'가 역사적 사실이 아닌 것으로 정리했어. 하지만 당시 한반도 남쪽에서 백제, 가야 등과 연결된 왜의 활동에 대해서는 여전히 논란이 많단다.

굴식 돌방 무덤(횡혈식 석실분)

흙으로 덮은 봉토 안에 돌방이 있고 돌방에서 입구까지 통로로 연결된 무덤 양식

판모양의 돌을 이용해서 널방을 짜고 그 위를 흙으로 덮어 봉분을 만든 무덤으로 횡혈식 석실묘라고도 해. 널방의 벽과 천장에 벽화를 그리기도 했는데 주로 만주 지안, 평안도 용강, 황해도 안악 등지에 널려 있어.

일반적으로 앞방과 널방으로 구분해서 앞방과 널방이 통로로 연결되어 있어. 굴식 돌방은 사람이 살고 있는 공간으로 간주해서 만든 거야. 그래서 널길과 문이 달려 있고 사람이 서서 드나들 수 있도록 되어 있어.

굴식 돌방 무덤은 고구려의 무용총과 각저총, 쌍영총, 그리고 백제의 무덤 등에서도 나타나는 무덤 형태인데, 통일신라 시대에 유행하였고 가야 고분에서도 찾아볼 수 있지. 특히, 신라 후기에 유행한 굴식 돌방 무덤은 신라에서 독자적으로 발생한 것으로 보기는 어려워. 이는 고구려나 백제, 가야 등과의 접촉을 통해서 나타난 무덤 형태로 볼 수 있지.

낙랑

한사군의 하나

기원전 108년, 한 무제는 위만조선을 멸망시킨 후 낙랑·진번·임둔이라는 세 개의 군을 두었어. 그 후 기원전 107년에 예의 땅에 현도군을 두어 한사군을 설치했지. 낙랑은 한사군의 하나로 청천강 이남의 황해도 자비령 이북 일대에 두었던 군이야. 당시 한사군을 설치한 것은 북방의 흉노족에 대한 견제책이기도 했지.

낙랑군은 한의 군현이 그들의 식민 통치를 수행한 중심지였어. 낙랑군에는 군태수 이하의 관리와 상인 등 많은 한인이 살고 있었지.

낙랑군은 한사군 가운데 가장 오랫동안 계속되었어. 하지만 중국의 왕조가 바뀌면서 지배 체제가 약화되었고, 토착민의 거센 반항과 백제·고구려의 협공으로 결국 313년(고구려 미천왕 14년) 고구려에 병합되어 완전히 소멸되고 말았지.

대대로

국사를 총괄하는 수상직으로 오늘날의 총리와 같은 직책

고구려의 12관등 가운데 최고 자리로 '토졸'이라고도 해. 왕이 직접 임명하지 않고 고구려 최고의 귀족회의체인 5부의 제가회의에서 선거로 선출했고 임기는 3년이었어.

6세기 후반이 되면서부터는 정치적 실권이 점차 왕에서 대대로 넘어

가면서 국가 최고의 실력자가 되었지. 태대형·울절·태대사자·조의두대형과 함께 국가 기밀을 비롯한 나라 일을 도모했어. 더불어 군사를 뽑고 관직을 임명하기도 했지. 또 고구려의 최고 무관직인 대모달이 될 자격도 가지고 있었어. 고구려 말기에는 막리지가 국가 최고 실력자로 나오기도 하는데, 막리지를 대대로와 같은 수상직으로 보는 견해도 있어. 그런가 하면 제2관등인 태대형을 막리지의 다른 명칭으로 보고, 최고의 실력자였다고 주장하는 견해도 있지.

데릴사위제

남자가 혼인을 한 후 처가에서 살다가 아이를 낳아 자라면 남자집으로 돌아가 사는 혼인 형태

데릴사위제는 신부가 자신의 친가를 떠나지 않고, 남자가 신부의 집으로 들어와서 신부 집 가장의 권위에 복종하며 생활하던 고구려의 혼인 풍습이야. '서옥제'라고도 하는데, 서옥은 '사위의 집'을 뜻해. 고구려에서는 신랑과 신부가 혼인을 약속하면 신부의 집 뒤꼍에 '서옥(婿屋)'이라는 작은 집을 지어 사위를 맞았지. 이렇게 남자가 혼인을 한 후 처가에서 살다가 아이를 낳아 자라면 남자집으로 돌아가 사는 혼인 형태를 '데릴사위제' 또는 '서옥제'라고 해.

돌무지 무덤(적석총)

시체를 넣은 돌널 위에 돌을 쌓아올려 만든 무덤

신석기 시대부터 삼국 시대 초기에 걸쳐 축조된 무덤 양식으로 적석총

이라고도 해. 고구려는 건국 초기부터 돌무지 무덤을 조성한 것으로 보이는데, 일반적으로 돌무지 무덤은 고구려와 백제 초기의 무덤을 말해. 이들은 압록강과 한강 유역에 주로 분포되어 있어. 돌무지 무덤은 대체로 외형이 방대형을 이루는데, 3세기 말에서 4세기 초가 되면 중국계 돌방 무덤의 영향을 받아 무덤의 중심부에 널길(고분의 입구에서 시체를 안치할 방까지 이르는 길)이 있어. 장군총은 대표적인 돌무지 무덤으로 7단 방형 기단식 무덤으로 무덤 안에 돌방과 널길을 갖추고 있지. 그리고 일부 지배층의 돌무지 무덤에 있는 돌방은 쌍실로 만든 것이 많은데, 이는 부부 합장으로 볼 수 있어. 대표적인 예가 장군총과 태왕릉, 천추총 등이야. 이들 돌무지 무덤은 5세기 초반, 고구려의 평양 천도 이후부터는 차츰 자취를 감추기 시작했지. 한강 유역에서는 석촌동과 양평 문호리, 제천 도화리 등지에서 발견되고 있어. 석촌동에서 발견된 4호분은 방형 3단 돌무지 무덤으로 돌방과 널길이 남아 있지. 한강 유역의 돌무지 무덤은 백제에서 고구려의 영향을 이어받은 것으로 초기 백제의 지배 세력이 사용한 것으로 볼 수 있어. 한강 유역의 돌무지 무덤들에서 출토된 김해 토기나 철제 무기, 퇴화된 민무늬 토기 조각들은 2, 3세기의 것들로 추정되는데, 이 유적은 백제 초기인 한성 도읍 시대를 연구하는 데 중요한 단서를 제공하지.

대막리지

연개소문이 만든 고구려 최고의 관직

연개소문의 정변 이후, 연개소문이 직접 만든 관직이야. 고구려 최고의 관직으로 행정권과 군사권을 모두 차지하여 막대한 권력을 행사했어.

동맹
고구려의 제천 의식

고구려에서 매년 10월 행하던 제천의식으로 동명(東明)이라고도 해. 전 부족이 한자리에 모여 국정을 의논하는 자리이면서, 시조인 주몽신(동명신)과 주몽의 생모인 하백녀를 위한 제천 의식이야. 동맹은 풍년을 기원하고, 풍성한 수확을 주신 하늘에 감사하는 농제이기도 한데, 이날은 밤에 남녀가 모여 창악을 하고 귀신·영성·사직에 대한 제사를 올리며 함께 즐겼다고 해. 부여의 영고나 동예의 무천 등에서도 볼 수 있는 제천 의식이면서 일종의 추수감사제라고 할 수 있어. 상고 시대 부족들의 종교·예술 생활이 담겨 있는 제정일치의 본보기이기도 하지. 그 시대 동맹은 원시 종교적인 민속 의식임과 동시에 정치적인 의의도 큰 행사였던 거야.

이같은 제천 의식은 고려 시대에 팔관회 의식으로 계승되었지.

무용총
고구려 중기의 벽화 고분

고구려 중기의 벽화 고분이야. 무용총은 중국 길림성 지안시에 있는데, 가까이에 광개토왕릉비와 각저총이 있어. 그리고 무용총의 서남쪽으로는 산연화총과 삼실총, 통구사신총, 오회분 등이 있는 우산하 고분군이 있지.

무용총의 고분 안쪽 오른쪽 벽에는 고구려인들의 사냥하는 모습을 그린 그림이 있어. 이를 '수렵도'라고 해. 수렵도는 고구려인의 패기와 진취성이 묻어나는 그림이야. 무용총의 왼쪽 벽에는 검정색 말을 탄 사람과 무용을 하는 것으로 보이는 사람들의 모습이 그려져 있어. 이를 '무용도'라고 해. '무용도'를 통해 고구려인의 의복과 생활 풍속을 엿볼 수 있지. 이 그림에서 무용을 하는 것처럼 보이는 사람들의 모습으로 인해 무용총이라는 이름이 붙었어. 무용총은 2004년에 유네스코 세계 유산으로 등록되었고, 고대 고구려 왕국의 수도와 무덤군에 포함되었지.

살수대첩

고구려 을지문덕 장군이 이끄는 군대가 수나라 대군을 크게 격파한 싸움

612년, 수나라 대군이 고구려를 공격했다가 살수(청천강 유역)에서 고구려의 을지문덕 장군이 이끄는 군대에게 크게 격파당한 싸움이야.

589년, 수나라는 약 4세기 동안 계속되어 오던 중국 남북조의 분열을 통일했어. 이로 인해 동북 아시아에 긴장이 고조되었지.

수나라 양제가 즉위한 후, 612년에는 113만 명에 달하는 수륙군을 수양제가 직접 통솔하여 고구려 원정에 나섰어. 그러나 바닷길로 평양성 부근에 도착한 수군 4만 명이 고구려군에게 궤멸되고 말아. 포위한 육군도 고구려의 완강한 저항으로 교착상태에 빠지게 되었지. 이에 수나라의 우중문과 우문술은 30만의 별동대를 편성해 고구려의 수도 평양성을 공격할 작전을 세워. 하지만 이러한 작전을 간파한 을지문덕은 수나라의 별동대를 고구려 영토 깊숙이 유인해서 거짓 항복으로 수나라 군사들이 퇴각할 구실을 만들어 주지. 이때 을지문덕이 우중문을 희롱한 5언시 (여수장우중문시)를 보내 수나라군을 철수하게 했어. 이를 이용

해 고구려군은 수나라군이 살수를 건널 때 곧 추격전을 벌여 수나라 군사들을 거의 궤멸시켰지. 그 결과 압록강을 건너 요동에 도착한 수나라군의 수는 2,700명에 불과했어. 수나라는 이런 참패를 만회하기 위해 613년과 614년에 다시 고구려를 침략했지만 모두 실패했고, 거듭된 원정으로 각지에서 반란이 이어져 수나라는 중국을 통일한 지 30년 만에 멸망하고 말았지.

소노부

고구려 초기 5부의 하나

고구려는 5부족이 연맹하여 이루어진 국가야. 소노부는 절노부·순노부·관노부·계루부와 함께 고구려 초기 5부 가운데 하나야.

《삼국지》 위지 동이전에는 연노부로 표기되어 있고, 《삼국사기》에는 비류부로 나타나 있어. 고구려의 발상지인 압록강 중류 일대의 토착 세력으로, 초기에는 소노부에서 부족연맹장이 나왔어. 주몽 집단인 계루부에서 고구려의 국왕이 나오기 전까지는 소노부가 연맹체의 주도권을 장악하고 있었지.

6대 태조왕 때, 계루부가 주도권을 장악한 이후부터는 계루부의 고씨가 왕위세습권을 획득했어.

순노부

고구려 초기 5부의 하나

절노부·소노부·관노부·계루부와 함께 고구려 5부의 하나로, 〈삼국사기〉 고구려 본기에는 환나부로 기록되어 있어. 환나부 출신의 인물들은 1세기 무렵, 태조왕 때부터 패자나 우태 등과 같은 다소 높은 관직을 수여받고 활발한 활동을 하기도 했어. 하지만 순노부는 계루부·소노부·절노부와는 달리 주목할 만한 세력을 갖지는 못했어. 그래서 관노부와 더불어 일찍 계루부의 영향력 아래로 들어간 것으로 보고 있지.

안시성 싸움

안시성 성주 양만춘이 당나라를 물리친 싸움

수나라가 멸망한 뒤, 618년에 중국을 통일한 당나라는 건국 초기에는 수나라와의 전쟁 때 잡힌 포로들을 교환하기도 하면서 고구려와 화친을 맺었어. 그러나 당 태종이 즉위하면서 세계 제국을 건설하려는 야심을 드러내지. 결국 당 태종은 돌궐을 공격하고 고구려를 압박하기 시작해. 고구려의 연개소문은 당 태종의 침략에 대비해 북쪽의 부여성에서 남쪽의 비사성에 이르는 천리장성을 쌓았어. 하지만 당 태종은 연개소문의 정변을 구실 삼아 고구려를 공격하여 요동성과 백암성 등을 함락시킨 뒤 안시성을 공격했지. 안시성은 당나라 군에게 포위되어 80여 일 간 당군의 공격을 받았어. 하지만 안시성의 성주 양만춘을 비롯한 백성들은 거세게 저항하며 버텼지. 결국 당군은 추위와 식량 부족으로 퇴각하고 말았어. 이를 '안시성 싸움'이라고 해.

여수장우중문시

고구려 을지문덕 장군이 수나라 장수 우중문에게 지어보낸 시

〈증수장우중문시(贈隋將于仲文詩)〉라고도 해. 우리나라에서 가장 오래된 오언고시(五言古詩)로 612년(고구려 영양왕 23년), 수나라가 30만 대군으로 고구려를 침략해 왔을 때 을지문덕 장군이 적의 마음을 해이하게 하기 위하여 적장 우중문을 희롱하여 지어 보낸 시야.

삼국사기에는 '神策究天文 妙算窮地理 戰勝功旣高 知足願云止(그대의 귀신 같은 꾀는 천문을 구명하고 신묘한 셈은 지리에 통달했네. 전승의 공은 이미 높으니 만족함을 알았으면 그치기를 바라오.)'라는 내용이 담겨 있어.

이 시를 받은 우중문과 지친 군사들은 싸울 기력을 잃어 회군하게 되었지. 이때 을지문덕이 수나라 군사들의 뒤를 추격하여 크게 이겼는데, 이 싸움이 바로 '살수대첩(薩水大捷)'이야.

연가칠년명 금동여래입상

국보 제119호로 고구려 시대의 불상

1963년 7월 경상남도 의령에서 출토된 이 불상은 국보 제119호로 고구려 시대의 불상이야. 금동여래상은 흔히 발견된 불상과는 달리 연가 7년의 연대까지 뚜렷하게 새겨져 있는 점이 특징이야. 훼손된 부분이 거의 없이 국립중앙박물관에 보존되어 있지.

연가칠년명 금동여래입상(延嘉七年銘 金銅如來立像)이라는 말의 의미

를 풀이해 보면, 먼저 연가(延嘉)는 고구려의 연호(年號)를 의미해. 여기서 연가 7년(延嘉七年)은 539년 또는 599년으로 추정하고 있어. 명(銘)은 한 문 문체 형식의 하나로 주로 자기 자신을 경계하거나 남의 업적과 사물의 내력을 찬양하는 내용을 말해. 주로 금석이나 기물, 비석 등에 새기지. 금 동(金銅)은 금으로 도금을 하거나 금박을 입힌 구리를 가리키는데 주로 불 상이나 꽃병 따위에 사용해. 여래(如來)는 부처의 열 가지 명호 가운데 하 나로 '부처'를 달리 이르는 말이야. 진리로부터 진리를 따라서 온 사람이 라는 뜻이지. 끝으로 입상(立像)은 서 있는 모습으로 만든 상(像)을 의미해.

이 불상은 평양 동사의 승려들이 천불을 조성하여 세상에 유포시키고 자 만든 것이야. 천불 가운데 29번째로 당시 신라와 가야 지방이던 경상 남도 의령에서 출토되었지. 이는 고구려의 국력과 불력의 유포, 그 리고 통일의 의지를 주위의 모든 나라에 천명한 불상이라 할 수 있어. 더불어 강인하고 격렬한 불상의 양식은 고구려적인 새로운 특징을 보여주는 대표적인 불상이야.

연개소문의 정변
연개소문이 영류왕을 죽이고 고구려 최고의 권력을 장악한 사건

연개소문의 세력이 커지는 것을 걱정한 영류왕과 신하들은 연개소문 을 없애려 했어. 이를 눈치챈 연개소문은 영류왕과 여러 대신들을 제거하 고 왕의 조카를 보장왕으로 세우지. 이 사건으로 연개소문은 스스로 대막 리지가 되어 고구려 최고의 권력을 장악해.

영락
광개토대왕의 연호

    지금까지 확인된 고구려의 연호 중 가장 오래된 것으로 광개토대왕이 사용한 연호야. 고구려 중심 사상인 천하관이 잘 나타나 있지. 영락이라는 연호도 고구려의 다른 연호와 마찬가지로 사서에는 나타나지 않아. 금석문에서만 볼 수 있지. 영락은 광개토왕릉비문과 평안남도 대안시 덕흥리 벽화 고분에 있는 유주자사 진의 묵서명에 나타나 있어. 당시 연호를 사용함으로써 고구려는 밖으로는 중국과 대등한 입장을 표명하였고 안으로는 강력한 왕권을 나타내었지.

장군총
중국의 지린 성 지안 현에 있는 고구려의 돌무지 무덤

    4세기 후반에서 5세기 전반에 제작된 것으로 보이며 정식 명칭은 '우산하1호분' 이야. 고구려의 무덤은 대부분 압록강 중류와 대동강 유역에 분포되어 있어. 장군총은 시체를 넣은 돌널 위에 봉토를 덮지 않고 돌만을 쌓아올린 돌무지무덤이야. 화강암을 7층으로 쌓아 만들었지. 규모가 크고 형체가 잘 보존되어 있어서 왕릉으로 추정하고 있어.

절노부

고구려 초기 5부의 하나

고구려의 5부족 가운데 하나로 왕위가 세습되던 계루부와 대대로 혼인 관계를 맺은 부족이야. 덕분에 부족장인 적통대인은 고추가라는 귀족의 칭호를 받을 수 있었는데 계루부·소노부와 함께 세력이 강한 부족 중 하나였어.

《삼국사기》에는 절노부가 연나부 또는 제나부로 기록되어 있는데, 고국천왕대 이후부터는 연나부와 제나부 출신의 왕비들이 여러 명 나왔지. 절노부 세력은 명림답부가 차대왕을 제거하고 신대왕을 옹립한 뒤부터 왕위계승에도 영향을 미쳤어. 여러 차례 국상의 지위를 차지한 유력한 부족으로 나중에 5부가 수도의 행정구역으로 변하면서 북부, 후부, 흑부로 개칭되었지.

제가회의

고구려의 귀족회의 기구

고구려의 귀족들이 국사를 논의하던 최고의 귀족회의 기구야. 5부 체제로 유지되던 고구려 초기에는 왕권이 그다지 크지 않았어. 그래서 각 부의 책임자라고 할 수 있는 가(加)들이 모여서 제가회의를 구성했지. 여기서 왕위계승을 비롯한 대외전쟁·외교문제 등 국가의 중대사를 논의하고 결정했어. 초기에는 국왕이 제가회의의 의장 역할을 했는데, 점차 국상이 이를 대신했지. 고구려의 제가회의와 비슷한 귀족회의 기구로는 백제의 정사암회의와 신라의 화백회의 등이 있어.

충북 충주에 있는 고구려 석비

국내에 유일하게 남아 있는 고구려 석비로 고구려의 영토가 충주 지역까지 확장되었음을 보여주는 유물이야. 커다란 자연석을 다듬어서 세운 비석으로 4면에 예서체로 글씨가 새겨져 있고 광개토대왕릉비와 형식이 매우 유사해.

고구려 영토에 대한 경계를 표시하는 비로 당시 고구려가 백제의 수도인 한성을 함락하고 한반도의 중부 지역인 충주 지역으로까지 영토가 확장되었음을 말해 주는 유물이야. 우리나라에 남아 있는 유일한 고구려비라는 점에서 커다란 역사적 가치를 지니지. 이 비에는 당시의 지명을 비롯한 관직명 등이 다수 기록되어 있어. 그래서 역사적으로 고구려, 백제, 신라의 3국의 관계를 밝혀 주는 귀중한 자료라고 할 수 있지.

비가 세워진 시기에 대해서는 여러 가지 설이 있는데 장수왕 때 한강 유역까지 진출하여 세운 것으로 보는 설이 유력해.

진대법
고구려의 빈민구제 제도

고구려 때(194년), 고국천왕이 왕권을 강화하기 위해 국상 을파소의 건의에 따라 시행한 빈민구제 제도야. '진'은 흉년이 들었을 때 굶주리는 백성들에게 곡식을 나누어 주는 것을 뜻하고, '대'는 봄에 양곡을 대여해 주었다가 가을에 추수한 후에 거두어 들인다는 뜻이야. 고구려의 진대법은 매년 3월부터 7월 사이에 관가의 곡식을 가구 수에 따라 차등을 두어 대여해 주었다가 10월에 환납하도록 한 제도야.

참고로 고려 시대에도 건국 초기부터 국가적 차원에서 흑창을 설치하여 진휼사업이 행해졌지. 986년(성종 5년)에는 의창이라 하여 흑창의 진대곡에 1만 석을 더 보충하여 행해졌어.

조선 시대에는 고려의 제도를 계승하면서 상평·환곡의 제도로 그 범위가 확대되어 더욱 활발하게 운영되었지. 전근대 사회에서 시행된 이같은 진대법은 지배층과 피지배층 간의 계급적 대립을 완화시켜 줌과 동시에 지배 체제를 유지하는 수단이기도 했지.

천리장성

고구려 말기에 서부 국경 방어를 위해 쌓은 성

고구려가 631년부터 647년까지 북쪽의 부여성(농안)에서부터 남쪽의 비사성에 이르는 국경 지대에 쌓은 장성이야.

631년, 고구려가 수나라와의 전쟁에서 승리한 것을 기념하기 위하여 세운 경관을 당나라의 사신이 헐어버린 사건이 발생했어. 이로 인해 고구려의 당에 대한 경계심은 극에 달하게 되었지. 이때부터 고구려가 당나라의 침략에 대비하여 축조한 성이야. 당시 연개소문은 이 성의 축조를 감독하면서 요동 지방의 군사력을 장악했어. 그러면서 정변에 성공하여 영류왕을 죽이고 보장왕을 왕으로 세워 독재권을 행사하였지. 연개소문은 스스로 대막리지가 되어서 백제의 의자왕과 연합하여 신라에 대한 공격을 한층 강화했어. 그리고 동시에 당나라에 대해서도 강경책을 행사했지.

고려 때에는 거란과 여진 등 북방 민족의 침입에 대비해 압록강 입구에서 도련포에 이르는 천리장성을 쌓았어.

태학

고구려가 중앙에 설치한 국립학교

372년(소수림왕 2년), 고구려가 전진의 제도를 본떠 중앙에 설치한 국립학교로 우리나라 역사상 학교 교육의 시초라고 할 수 있어. 상류 계급의 자제들만 입학할 수 있는 귀족 학교로 경학과 문학, 무예 등을 가르쳤지.

반면에 경당은 주로 지방에 거주하는 평민층 자제들의 민간 교육 기관이었어. 여기서는 경전과 궁술을 가르쳤는데 궁술이 특히 주요 교육 내용이었지. 신라의 화랑도와 같이 단순한 교육 기관에 그치지 않고 군사훈련 기관으로서의 성격도 짙었던 것으로 보여.

고려 시대의 태학은 인종 때 설치된 기관으로, 국자감에 설치된 6학의 한 분과야. 대학이라고도 부르지.

한사군

한나라 무제가 위만조선을 멸망시킨 후 설치한 4개의 행정 구역

기원전 108년부터 기원전 107년에 한나라 무제가 위만조선을 멸망시킨 후 설치한 4개의 행정 구역이야. 즉, 낙랑군·임둔군·현도군·진번

군을 말하지. 이 가운데 낙랑과 임둔, 진번 3개의 군은 위만조선을 멸망시킨 기원전 108년에 설치했고, 현도군은 그 이듬해에 설치하였지. 모두 한나라의 직할 영토로 유주 관하에 편입하였어. 이 4개의 군에는 관할 현을 설치했지. 그리고 군에는 태수, 현에는 영 등의 소속 장관과 속관을 두었는데 이들은 한나라 중앙 정부에서 파견하였지.

강서대묘

평안남도 대안시 삼묘리에 있는 고구려 벽화 고분

대안시 삼묘리의 옛 이름이 강서군 강서면 삼묘리여서 강서대묘라고도 하고, 근처의 다른 두 무덤과 함께 우현리삼묘·강서삼묘라고도 해. 강서대묘는 널방의 축조방식이 정교하고 치밀하지. 그리고 벽화의 구상이 장대하고 세련된 기법을 사용했어. 당시 고구려의 건축기술과 회화기법의 발전 정도를 잘 드러내는 고분이지.

고분 안쪽 벽과 천장부의 석면에 벽화가 그려져 있는데, 벽화 가운데 특히 널방 북벽의 '현무도'는 강서대묘의 사신도 가운데서도 특히 작품성이 뛰어난 것으로 유명해. 현무도의 뱀과 거북은 거북의 등 부분에서 머리를 마주하고 위로 제끼고 입에서 화염을 뿜어내고 있으며, 도교 사상과 연결되어 있는 것으로 보고 있어.

호류사

아스카 시대에 쇼토쿠 태자에 의해 창건된 불교 사찰

일본 나라현 근처에 있는 불교 사찰로 607년, 아스카 시대에 쇼토

쿠 태자에 의해 창건되었어. 670년에 화재로 완전히 파괴되었다가 708년 재건되었지. 현존하는 목조 건물 가운데 세계에서 가장 오래된 것이야.

소장된 미술품 가운데 불상은 금당의 약사여래상과 석가삼존불상, 아미타삼존불상 등이 있어. 벽화는 사불정토도 등 수백 점의 고미술품이 소장되어 있는데 모두 일본의 국보급 문화재들이야. 특히 610년(고구려 영양왕 21년)에 고구려의 승려 담징이 그린 금당의 내부 벽화는 중국의 원강석불, 경주의 석굴암 등과 함께 동양의 3대 미술품 가운데 하나로 꼽히고 있어. 세계 유산 목록에도 등록되어 있지. 그런데 1949년에 내부 공사 도중 화재로 소실되었어. 현존하는 것은 모사품이라고 해.

 ....

10여 관등
고구려의 관등제

관등제는 관리들의 등급을 정한 것으로 고대의 족장적 성격을 띤 다양한 세력 집단이 왕 아래로 들어와 하나의 조직 체계를 만들어 상하 관계를 형성한 것을 말해. 사회가 발전하면서 관등제가 정비되고, 각 부의 귀족과 그 아래의 관리들이 왕의 신하가 된 거야. 이로써 왕의 권한이 강화되었고 각 부의 부족적 성격이 행정적인 성격으로 바뀌어 중앙 집권 체제가 형성되었다고 할 수 있어.

고구려는 4세기 경에 5부를 중심으로 각 부의 관료 조직을 흡수하여 10여 관등을 두었지. 소노부·절노부·순노부·관노부·계루부 등 5부를 중심으로 대대로·태대형·울절·태대사자·조의두대형·대사자·대형·발위사자·소형·제형·과절·부절·선인 등이 있었어.

백제는 고이왕 때 6좌평제를 비롯한 16관등제의 기본틀을 마련하였지. 신라는 법흥왕 때 각 부의 하급 관료 조직을 흡수하면서 17관등제를 정비하였어.

1책 12법
물건값의 12배를 배상하게 한 부여의 법제

도둑질한 자에게 물건값의 12배를 배상하게 한 부여의 법제로, 고구려에서도 행해졌다고 해. 《삼국지》 위지 동이전의 부여전에 따르면 부여는 법률이 매우 엄한 나라였어. '응보주의'가 기본이 되어 사람을 죽이면 본인도 죽고 가족을 노비로 삼았어. 물건을 훔치면 12배를 배상해야 했지. 이 법으로 부여 사회에 사유재산제가 있었음을 알 수 있어.

5부족
고구려의 형성에 주축이 된 씨족 집단

5부족은 부여와 같이 고구려의 형성에 주축이 된 씨족 집단이었어. 5부족의 명칭은 《삼국지》 위지 동이전에는 소노부·절노부·순노부·관노부·계루부로 기록되어 있지. 그런데 〈삼국사기〉에는 4부의 명칭이 비류부·연나부·관나부·환나부로 전해지고 있어. 이렇듯 〈삼국지〉와 〈삼국사기〉에서 각각 다르게 전하는 고구려의 5부는 왕실을 구성했던 계루부를 제외하고, 소노부는 비류부, 절노부는 연나부, 관노부는 관나부, 순노부는 환나부 등으로 대응하는 동일한 실체라고 할 수 있어.

여기서 '나부'는 압록강 유역에 존재했던 여러 나국이 상호 통합 과정을 거치면서 5개의 정치 체제를 이룬 것으로 볼 수 있지. 그리고 이들이 고구려 연맹 체제를 구성한 뒤부터 계루부 왕권에 의해 부로 편제된 거야. 이들 5부를 중심으로 하는 고구려의 국가 체제는 늦어도 태조왕대(1세기)에는 성립했을 것으로 봐.

백제

6

중학생을 위한 역사개념교과서

관산성 전투

나·제 동맹을 깨고 백제를 공격한 신라에 보복을 하기 위해 일으킨 백제의 전투

5세기 중엽 백제는 고구려 장수왕의 남진 정책으로 개로왕(蓋鹵王, 455~475)이 죽고, 수도 위례성이 함락되었지. 이후 백제의 문주왕은 웅진으로 천도하였어. 웅진으로 천도한 뒤 백제는 귀족들의 반란까지 겹쳐 불안한 상태였지. 그러나 동성왕(東城王, 479~501)과 무령왕(武寧王, 501~523)대의 노력으로 점차 안정되어 갔고, 성왕(聖王, 523~554) 때 국가 정비와 왕권 강화가 이루어지면서 사비로 수도를 옮기게 되었어. 이후 성왕은 고구려에 빼앗긴 한강 유역을 되찾고자 노력했고, 드디어 551년 고구려를 공격하기 위한 북진군을 일으켰어. 북진군은 백제군을 주축으로 나·제 동맹관계에 있었던 신라군, 그리고 가야군으로 구성되었지. 이 시기의 고구려는 정치적 혼란을 겪고 있었고, 이러

한 상황을 틈탄 북진군의 공격은 성공해 한강 유역을 되찾았어. 백제 군은 고구려에게 빼앗겼던 한강 하류를 회복했고, 함께 고구려를 공격했던 신라는 한강 상류를 차지했지. 그러나 한강 상류 지역을 차지한 신라의 진흥왕은 553년 군사를 돌이켜 백제를 공격했어. 백제가 차지한 한강 하류 지역까지 차지해 중국과의 직접적인 교류를 하고 싶었던 거지. 결국 신라는 백제가 차지한 한강 하류 지역까지 점령하게 되었고, 이것이 바로 관산성 전투의 직접적인 동기가 되었단다.

백제는 신라에 보복을 하기 위한 군사를 일으켰어. 가야는 백제에 지원군을 파견했지. 이렇게 하여 일어난 신라와 백제의 전투는 관산성에서 절정을 이루게 돼. 관산성이 신라가 새롭게 점령한 한강 하류 유역의 요충지였기 때문이야.

관산성 전투의 초기에는 백제가 우세했지만 백제의 왕인 성왕이 신라 복병의 기습 공격을 받아 전사하며 신라의 승리로 끝나게 되지. 백제는 왕을 비롯해 4명의 좌평이 전사하고, 3만 명에 가까운 군사들이 전사하는 등 많은 피해를 입고, 왕권이 약화되었지. 반면, 전쟁에서 승리한 신라는 한강 유역에 대한 기득권을 확고히 할 수 있었어. 이후 신라와 백제는 백제가 멸망할 때까지 적대 관계가 계속되었어.

금동 대향로(백제 금동 대향로)

향을 피우는 조그마한 화로로 백제의 금속 공예 기술을 보여주는 유물

백제의 향로로 부여 능산리 무덤들 사이 한 구덩이에서 450여 점의 유물과 함께 발견됐어. '향로'는 향을 피우는 조그마한 화로로 주로 제사 지낼 때 썼다고 해. 백제의 금동 대향로는 4부분으로 구성되

었어. 크게는 몸체와 뚜껑으로 구분되는데 위에 부착한 봉황과 받침대를 포함해 4부분으로 나누기도 하지.

뚜껑에는 23개의 산들이 첩첩산중을 이루는 풍경을 표현했어. 산들이 입체적·사실적으로 표현됐는데 이것이 중국과는 다른 백제의 특징이라고 볼 수 있어. 뚜껑 꼭대기에는 봉황이 여의주를 품고 날개를 활짝 펴고 서 있어. 봉황의 꼬리는 부드럽게 약간 치켜 올라가 백제의 우아함을 뽐내고 있지. 봉황 앞가슴에는 구멍이 뚫려 있어 향을 피울 때 연기가 피어오를 수 있게 했어.

몸체는 연꽃의 모습으로 만들어져 있고, 연잎에는 불사조, 물고기, 사슴, 학 등 다양한 동물을 입체적으로 표현했지.

백제의 금동 대향로는 받침대까지도 아름다운 한 마리의 용의 모습으로 형상화했어. 용이 몸체의 연꽃 밑부분을 입으로 물고 하늘로 떠받드는 모습으로 표현했지.

금동 대향로는 백제 시대의 금속 공예 기술의 발달과 미술 문화, 종교와 사상, 제조 기술까지 알 수 있게 해 주는 귀중한 자료야.

나제 동맹

고구려의 세력에 맞서기 위해 백제와 신라가 맺은 군사 동맹

고구려의 장수왕은 고구려의 수도를 압록강 가의 국내성에서 대동강가의 평양성으로 옮겼어.(472년) 장수왕은 광개토대왕이 넓

혀 놓은 영토를 잘 다스리는 한편 남진 정책을 펼치려 한 것이지. 이에 위협을 느낀 신라(눌지왕 17년)와 백제(비유왕 7년)가 고구려의 남진을 공동으로 막아 내기 위하여 체결한 군사 동맹이 바로 '나 제 동맹' 이야.

장수왕은 먼저 백제를 침략하여 475년(백제 개로왕 21년)에 개로왕을 죽이고 백제의 수도인 위례성을 점령했어. 이 일로 큰 타격을 받은 백제 는 개로왕의 뒤를 이어 문주왕이 즉위한 뒤 수도를 웅진으로 옮기지. 그 런데 고구려의 남진은 백제에게만 위협을 준 것이 아니야. 고구려의 남진 은 신라에게도 위협이 되었지. 이에 신라 · 백제 두 나라는 493년(고구려 문자왕 2년, 신라 소지왕 15년, 백제 동성왕 15년)에 동성왕이 신라의 이 찬 비지의 딸을 왕비로 맞이하여 서로 국혼을 하게 되지. 나제 동맹이 두 나라 사이의 혼인 동맹으로 발전한 거야. 이를 계기로 두 나라는 고구려 에 빼앗긴 땅의 회복에 힘썼어.

그 뒤 두 나라는 나 · 제 동맹에 가야까지 끌어들여 551년 고구려로부터 한강 유역을 탈환했어. 하지만 신라의 배신으로 100여 년이나 지속된 나 · 제 동맹은 깨지고 말아. 553년 중국과의 직접적인 교역을 바라는 신 라 진흥왕이 백제의 영역인 한강 하류 지역을 점령한 거야. 이에 백제는 신라를 다시 공격했지만, 554년 성왕이 관산성 전투에서 전사하면서 백 제의 패배로 끝나고, 신라와 백제는 새로운 적대 관계가 되어버리지. 신 라의 한강 하류 지역 점령은 훗날 신라가 삼국을 통일하는 데 결정적인 역할을 해.

담로

지방에 대한 왕의 통제를 강화하도록 한 백제의 지방 행정 구역

백제의 지방 행정 구역을 '담로'라고 해. 중국의 군현과 같은 기능을 가진 것으로 백제 건국 초기부터 설치한 제도야. 문헌에 따르면 '백제는 전국에 22담로를 두고 왕자나 왕족을 보내어 다스리게 하였다.'고 나와 있어. 즉, 담로에는 왕족 출신의 지방관이 파견되었고, 이는 일종의 봉건제라고 할 수 있어. 백제가 방, 군, 성 등의 지방 제도를 마련하기 이전에 설치한 제도이지. 왕자나 왕족을 주요 지방에 보내 다스리게 해서 지방에 대한 왕의 통제를 강화하도록 한 제도야.

담로가 실시된 때는 건국 초와 5세기 후반 백제가 수도를 위례성에서 웅진으로 옮긴 이후로 보는 두 가지 견해가 있어. 근초고왕 때 백제가 지배 영역을 나누어 정한 것으로 보아 이때 처음 실시된 것으로 추측하기도 하고, 웅진 천도 이후 무령왕이 담로에 왕족을 파견하면서 실시된 것으로 보기도 해. 담로는 웅진 천도 이후에도 계속 시행되다가 백제가 수도를 사비로 옮긴 후 지방조직이 5방 1군제로 개편되면서 거기에 흡수된 것으로 보여.

몽촌토성

백제 전기의 토성

서울특별시 송파구 방이동에 있는 백제 전기의 토성이 '몽촌 토성'이야. 몽촌토성은 대부분 자연 지형을 이용했고, 일부 필요에 따라 진흙이나 나무 울타리로 성을 쌓았던 흔적이 있어. 또 경사면을 급하게 깎아 만든 곳도 있어. 그렇기 때문에 형태가 불규칙하지.

몽촌토성은 백제의 도성인 위례성이라고 보는 입장과 방어용 성으로 보는 입장이 있어. 몽촌토성을 통해 백제의 군사적·문화적 성격을 알 수 있어. 더 나아가 이 성에는 풍납토성, 백제 석촌동 무덤을 비롯한 다양한 백제 전기의 유적이 있어서 역사적으로 매우 가치 있는 곳이 지. 또한 백제 중기의 웅진성(공주 공산성)이나 후기의 사비성(부여 부소 산성)의 성들과 똑같은 지형이어서 더욱 가치가 있는 토성이야.

무령왕릉

백제 제25대 무령왕과 왕비의 무덤

백제 제25대 무령왕과 왕비의 무덤으로 현재 충청남도 공주시 금성동 송산리 고분군 내에 있어. 송산리 고분군에 가면 백제의 대표적인 무덤 양식을 볼 수 있어. 이곳의 무덤은 대부분은 돌방 무덤인데 무령왕 릉은 벽돌 무덤 형식으로 되어 있지. 벽돌 무덤은 중국 양나라 지배 계층 무덤의 형식을 모방해 만든 무덤이야. 송산리 고분군의 벽돌 무덤으로 는 무령왕릉, 제6호 벽돌 무덤이 있지.

무령왕릉에서 출토된 유물은 모두 4,600여 점이 넘는다고 해. 대표적 으로는 무령왕릉 금제 관 장식과 용과 봉황이 장식된 큰 칼, 글 씨가 새겨진 팔찌 등이 있어.

무령왕릉은 무덤의 주인공이 정확하게 밝혀진 몇 안 되는 고대의 무덤이고, 무령왕은 백제사에서 중요한 역할을 담당한 훌륭한 왕이라는 점에서 더욱 주목받고 있어. 더불어 무령왕릉에서 출토된 유물을 통해 웅진 시대 백제 문화에 대해 잘 알 수 있어. 웅진 시대 백제는 중국 남조 문화와 직접적 영향 관계에 있었고, 일본과 문화적 교류도 적극적으로 이루어지고 있다는 것을 보여주고 있지. 무령왕릉을 통해 백제 사회의 국제성을 엿볼 수 있어.

미륵사지 석탑

백제의 미륵사에 있던 탑으로 목탑 양식으로 축조한 석탑

미륵사지 석탑은 백제 최대의 절이었던 익산 미륵사터에 있는 탑이야. 탑의 뒤쪽이 무너졌는데 무너진 뒤쪽을 시멘트로 보수해 아쉽게도 반쪽 탑의 형태로 남아 있어. 현재는 6층까지 남아 있지만 정확한 층수는 알 수 없지.

미륵사지 석탑은 목탑 양식으로 축조한 석탑이야. 목탑의 양식을 나무 대신 돌로 재현해 양식상 목탑에서 석탑으로 이행하는 과정을 보여주는 중요한 문화재이지. 이 때문에 미륵사지 석탑을 우리 나라 최고의 석탑으로 보고 있어. 또한 미륵사지 석탑은 우리 나라에 남아 있는 가장 오래되고 커다란 규모를 자랑하지.

《삼국유사》 무왕조 기록 및 석탑의 형식 등으로 볼 때 백제 말기인 무왕대(600~641년)에 축조된 것으로 추정하고 있어.

벽돌 무덤

벽돌로 널방을 만들고 흙을 덮어 봉분을 만든 무덤 형식

중국 남조의 영향을 받은 무덤 형식으로 벽돌로 널방을 만들고 거기에 주검을 넣은 무덤이지.

우선 깊이 1m 정도의 구덩이를 파고 바닥에 벽돌을 깔아 벽을 쌓아올려서 문이 있는 널방을 만들어. 그 위에 흙을 덮어서 봉분을 만든 거지. 웅진 시대의 백제는 중국 남조와의 밀접한 관계를 맺었고, 그들의 무덤 양식인 벽돌 무덤을 받아들였지. 지금까지 남아 있는 것으로는 공주 무령왕릉과 송산리 6호분 뿐이야.

사택지적비

백제 의자왕 때 사택지적이 남긴 비

'사택지적비'는 백제 의자왕 때 활약했던 사택지적이 남긴 비야. 1948년 부여읍 관북리 도로변에서 비의 일부가 발견되었어. 이 비는 대좌평을 지낸 사택지적이 말년에 지난날의 영광과 세월의 덧없음을 한탄하면서 만든 것이지.

'사택'이란 성은 백제 후기의 대표적 귀족가문의 8개 성씨 중의 하나인 '사씨'와 같은 것이라고 해. 따라서 이 비는 백제 최고의 귀족이 남긴 중요한 자료이지. 또한 도교적인 성격이 있어 백제 귀족의 정신세계를 이해하는데 중요한 자료로 쓰이지.

상좌평

백제의 6좌평 중 최고의 관직

상좌평은 백제의 최고 관직이야. 백제는 6명의 좌평을 두어 최고의 중앙 행정의 일을 나누어 처리하게 했어. 이 중 상좌평은 408년(전지왕 4년)에 좌평이 분화, 확대되는 과정에서 설치된 것으로서 수석좌평이었어. 좌평으로 구성된 백제 최고 귀족회의인 좌평회의의 의장이 바로 상좌평이었지. 또한 상좌평은 백제 초기 왕명출납을 담당했다고 하는 내신좌평과 동일한 것으로 볼 수 있어.

《삼국사기》에서는 상좌평을 고려 시대의 총재와 같다고 서술하고 있어. 상좌평에 임명된 자는 왕족·왕비족 및 백제의 대표적 귀족가문이었던 8개 성씨로 이루어진 8성 귀족 중 유력한 가문의 출신자들이었지.

서기

근초고왕 때 박사 고흥이 지은 백제의 역사서

'서기'는 백제의 역사서로 근초고왕(346~375년) 때 박사 고흥이 지었다는 기록이 《삼국사기》에 남아 있어. 하지만 실물이 전하지 않아 내용은 전혀 알 수 없지.

대다수의 역사학자들은 서기를 국가의 정통성을 널리 알리고 왕실의 위엄을 과시하기 위해 만든 역사서라고 풀이하고 있어. 근초고왕은 백제의 전성기를 이끈 왕으로 알려져 있으니 역사서를 편찬했다고 볼 만한 요소가 충분하지?

서산마애삼존불상
'백제의 미소'로 알려진 세 개의 불상

'서산마애삼존불상'은 흔히 '백제의 미소'로 널리 알려진 불상으로 정식 명칭은 '마애여래삼존상'이지. 충청남도 서산시 운산면 용현리 가야산 계곡을 따라 들어가면 층암절벽이 있는데 이곳에 조각되어 있어. 중심에는 거대한 여래입상이 있고, 오른쪽에는 보살입상, 왼쪽에는 반가사유상이 있지.

마애삼존불상이 있는 가야산 계곡을 따라 가면 부여로 가는 지름길이 이어져. 그런데 이 길은 옛날부터 중국과 교통하던 길이었어. 따라서 당시 중국 불교 문화의 자극을 받아 찬란한 불교 문화를 꽃피웠지. 그 예가 바로 '서산마애삼존불상'이라고 볼 수 있어. 따라서 '서산마애삼존불상'은 중국과의 활발한 문화 교류 분위기를 엿볼 수 있는 작품이지.

중심에 자리잡은 여래입상은 연꽃잎을 새긴 대좌(臺座-불상을 올려놓는 대) 위에 서 있어. 전체 얼굴 윤곽이 둥글고 부드럽게 살이 올라 있어 백제 불상 특유의 자비로움을 보여주지.

오른쪽의 보살입상은 머리에 관을 쓰고 있고, 여래입상과 마찬가지로 풍만한 얼굴에 미소를 풍기고 있지. 왼쪽의 반가상 역시 둥글고 풍만한 얼굴에 부드러운 미소를 띠고 있어. 안타깝게도 두 팔은 크게 손상을 입었어. 하지만 왼쪽 다리 위에 오른쪽 다리를 올리고(반가좌), 왼손으로 발목을 잡고 있는 모습, 오른쪽 손가락으로 턱을 받치고 있는 모습에서 백제의 세련미를 엿볼 수 있어.

역박사

백제의 박사 중 음양도에 능통한 사람

서로 다른 성질을 가지고 있는 두 가지 기가 상호작용해 천지만물이 만들어졌다는 음양설과 '목·화·토·금·수'라는 다섯 개의 구성 원소의 교체·순환으로 온갖 사물의 현상이 변한다는 오행설이 합쳐져 만들어진 사상을 음양오행설이라고 해. 이 음양오행설에 기초해 우주와 자연현상의 원리, 인간의 길흉화복을 설명하는 신앙이나 학문을 바로 '음양도'라고 하지. 백제에는 각종 전문가들에게 박사의 칭호를 주는 박사제도가 있었어. 그 중 음양도에 능통한 사람을 '역박사'라고 해. 백제는 중국의 유교 이념을 도입해 국가 체제를 세우고, 학자도 양성해 박사 제도를 설치한 거야. 특히, 백제는 중국 양나라와의 교류를 통해 유교적 학문 소양을 넓혀갔지.

그 결과 백제는 역박사를 비롯한 오경박사, 의박사 등을 일본에 파견하였고, 이로 인해 일본은 정신적·물질적 생활 문화를 형성할 수 있었지.

오경박사

백제의 박사 중 다섯 경서에 능통한 사람

백제에는 각종 전문가들에게 박사의 칭호를 주는 박사제도가 있었어. 그 중 『역경』·『시경』·『서경』·『예기』·『춘추』 등 다섯 경서에 능통한 사람을 오경박사라고 했지.

백제의 교육 제도에 대한 기록이 없어 확실하지는 않지만 오경박사는 국가의 교육 기관에서 유교 교육을 담당하였을 것으로 짐작할 수 있어. 다만, 《일본서기》에 무령왕 때 고안무와 단양이, 성왕 때 왕유귀 등이 일본에 초빙되어 고대 일본의 유교 교육을 담당하였다는 기록이 있지. 즉, 오경박사는 역박사, 의박사 등과 함께 일본에 초빙되어 일본 문화 발전에 기여했음을 알 수 있어.

의박사
백제의 박사 중 의학 업무를 담당한 관직

백제에는 각종 전문가들에게 박사의 칭호를 주는 박사 제도가 있었어. 그 중 '의박사'는 백제 시대에 의학 업무를 담당하던 관직을 말해. 의박사는 오늘날의 의사처럼 각종 질병을 치료하는 일을 맡았어. 《일본서기》에 의하면 백제는 554년(성왕 32년)에 왜의 요청에 의해 여러 역박사와 의박사를 파견하여 왜에 학문과 의약술을 가르쳐 주었다고 전해져.

정사암 회의
백제 귀족회의의 명칭

'정사암'은 백제 시대에 정치를 논의하고 재상을 뽑던 곳이야. 백제 후기의 수도였던 사비 부근 호암사에 정사암이라는 바위가 있었어. 백제는 국가에서 재상을 선정할 때 후보에 해당하는 3, 4명의 이름을 봉함해 이 바위 위에 두었지. 그리고 얼마 뒤 이름 위에 도장의 흔적이 있는 자를 재상으로 삼았다고 해. 정사암 회의는 귀족 연합적인 삼국 시대의 정치 성격을 나타내는 예로 오늘날의 선거 방식과 비슷해서 주목을 받고 있어.

정림사지 5층 석탑

부여의 정림사 터에 세워져 있는 백제의 5층 석탑

'정림사지 5층 석탑'은 이름 그대로 부여의 정림사 터에 세워져 있는 5층 석탑이야. 신라와 연합해 백제를 멸망시킨 당나라 장수 소정방이 '백제를 정벌한 기념탑'이라는 뜻의 '대당평백제국비명(大唐平百濟國碑銘)'이라는 글귀를 이 탑에 남겨놓아, 한때는 '평제탑'이라고 잘못 불리기도 했어. 하지만 식민지 시기에 정림사 터를 조사하는 과정에서 탑과 소정방이 남겨 놓은 글귀와는 아무런 상관도 없으며 탑은 소정방이 글귀를 써 넣기 전에 건립되었다는 것을 알게 되었다고 해.

목조 건물의 형식을 반영해 좁고 낮은 1단의 기단(基壇) 위에 5층의 탑신(塔身-탑의 몸)을 세웠어. 하지만 목조 건물의 단순한 모방이 아닌 세련되고 창의적인 조형으로 장중하며 매우 아름다워. 백제 시대의 석탑은 현재 2기만 남아있는데 그 중 하나가 정림사지 5층 석탑이고, 나머지 하나가 익산 미륵사지 석탑(국보 제11호)이야. 이런 점에서도 정림사지 5층 석탑은 귀중한 자료로 인정받고, 세련된 조형미를 통해 격조 높은 기품을 풍기는 아름다운 작품이라고 평가받고 있어.

칠지도

일본 나라현 덴리시의 이소노카미신궁에 소장된 철제 가지 모양의 칼

철을 두드려서 만든 칼로 칼의 양쪽 날 부분에 마치 소뿔이나 나뭇가지 같은 가지가 각각 3개씩 일정한 간격으로 뻗어 나와 있어. 칠지도는 강철로 만들어 금으로 상감한 글씨가 새겨져 있는데 이는 백제 제철 기술의 우수함을 잘 보여주고 있지.

칠지도에 대해서는 그 동안 여러 가설이 제기되어 왔어. 첫째, 백제왕이 왜왕에게 바친 것이다. 둘째, 백제왕이 왜왕에게 하사한 것이다. 셋째, 동진왕이 백제를 통해 왜왕에게 하사한 것이다. 넷째, 대등한 관계에서 백제왕이 왜왕에게 선물로 준 것이다. 이렇게 네 가지 가설이 있지만 현재는 여러 가지 근거로 백제왕 하사설이 가장 타당한 가설로 인정받고 있어.

많은 학자들은 '칠지도'를 만들어 왜왕에게 준 백제의 왕이 근초고왕(近肖古王, 346~375)이라고 주장하고 있어. 그러나 전지왕(腆支王)이나 동성왕(東城王) 때 제작되었을 것으로 추정하기도 하지.

황산벌 전투

660년 황산벌에서 백제군과 신라군이 벌인 전투

'황산벌 전투'는 660년 황산벌에서 있었던 백제군과 신라군 사이의 싸움으로 백제의 멸망을 가져온 전투야. 백제의 의자왕은

집권 초기에 왕권을 강화하고, 중국과 신라를 적대시했던 고구려와 연합해 신라에 압박을 가했어. 642년(의자왕 2년)에 대야성을 비롯한 신라 남부의 40여 성을 함락시키며 신라에 충격을 주었지. 이에 신라는 당나라에 김춘추를 파견하여 당나라와 군사 동맹을 맺어. 660년, 나·당 연합군은 드디어 백제를 공격했어. 소정방이 이끄는 13만 명의 당 군과 김유신이 이끄는 5만 명의 신라 군은 백제를 공격했고, 의자왕은 계백에게 5,000명의 결사대를 조직하게 해 신라군을 저지하도록 명령했지. 이때 계백이 "처자가 적국의 노비가 되어 살아서 욕보기보다는 죽는 것이 낫다."라고 하며 처자를 죽이고 출병했다는 유명한 일화가 있지.

황산벌에 먼저 이른 계백은 신라군을 기다렸고, 김유신과 신라군은 이에 대항했지. 그러나 목숨을 걸고 싸우는 백제의 5,000결사대는 신라군과 네 번 싸워 네 번 모두 승리했고, 신라군의 사기는 바닥으로 떨어지지. 이때 신라의 장군 흠춘은 군사들의 사기를 돋우기 위해 아들 반굴을 적진으로 보내 전사하게 하고, 이어 장군 품일도 16세의 어린 아들 관창을 백제군 속에 보내 전사하게 해. 신라의 청년 화랑들의 용감한 행동에 감동을 받은 신라군의 사기는 하늘을 치솟았고, 백제에 총공격을 가했어. 백제의 결사대는 여기에 맞서 최선을 다해 싸웠지만 결국 대패하고 말아. 이 싸움에서 계백은 전사하고, 백제는 멸망의 길을 걷게 되지.

16관등

백제 고이왕 때 확립된 관등 제도

260년 백제 고이왕 때 확립된 관등 제도야. 백제는 다음과 같이 16개의 관등을 두어 벼슬 등급을 서열화하였지.

등급		명칭	설명
1품(최상급)		좌평	6명의 좌평이 있고, 각각 국무를 분담했지. 전지왕 때 수석좌평으로 상좌평이 추가되고, 백제 후기에는 중좌평, 하좌평도 추가돼.
솔계	2품	달솔	좌평 및 솔계까지는 보라색 관복에 은화로 장식한 관을 썼어.
	3품	은솔	
	4품	덕솔	
	5품	한솔	
	6품	나솔	
덕계	7품	장덕	짙은 붉은색 관복의 관등에 따라 색을 달리해 띠를 착용했어.
	8품	시덕	
	9품	고덕	
	10품	계덕	
	11품	대덕	
	12품	문독	청색 관복의 관등에 따라 색을 달리해 띠를 착용했어.
	13품	무독	
	14품	좌군	
	15품	진무	
	16품	극우	

22부

성왕이 사비 천도 후 만든 중앙 관서

백제는 성왕 때 사비로 천도(538)한 후, 내관(內官 : 12부)과 외관(外官 : 10부)으로 이루어진 22부의 중앙 관서를 새로 두었어. 백제의 22부는 다음과 같아.

구분	부서	하는 일
내관	전내부·곡부·육부·내경부·외경부·마부·도부·공덕부·약부·목부·법부·후궁부	주로 궁실에서 필요한 물품을 조달하는 일을 했어.
외관	객관, 사공부, 사군부, 사도부, 사구부, 점구부, 외사부, 주부, 일관부, 도시부	주로 중앙의 정무를 맡아 보았어.

5부 5방

백제의 군사적 행정 체제

5부 5방은 백제의 군사적 행정체제로 행정구역인 동시에 군사적 임무도 띠었지. 백제는 5세기 이후 더욱 심해지는 고구려와 신라의 군사적 압력에 대응해 5부 5방의 군사적 행정 체제를 확립한 것이지. 이에 따라 도성을 5부(上·中·下·前·後)로 나누고, 각 부는 5호로 나누어 부마다 500명의 군대를 배치했어. 그리고 이를 달솔(2품관)이 통솔하였지.

그리고 지방에는 5방을 설치했어. 고사성(전북 고창)에 중방, 득안성(충남 은진)에 동방, 구지하성(전남 장성)에 남방, 도선성에 서방, 웅진성(충남 공주)에 북방을 두고 방의 중심인 방성에는 700~1,200명의 군대를 두었지. 각 방 밑에는 10군 또는 6, 7군이 딸려 있어 성을 쌓아 군장이 지키게 했지.

6좌평

백제의 벼슬 등급을 나타내는 16관등 중 최고 관직인 제1품

　　백제의 벼슬 등급을 나타내는 16관등 중 최고 관직인 제1품을 '좌평'이라고 했어. 이는 오늘날의 장관에 해당하는 관직으로 내신 좌평이 이들 중 수석 좌평에 해당했으나 전지왕 때 상좌평이 생기면서 상좌평이 수석 좌평의 역할을 하였지. 백제는 다음과 같이 6좌평을 두었다고 해.

명칭	하는 일
상좌평(上佐平)	좌평의 수장, 수상
내신 좌평(內臣佐平)	왕명의 출납을 관장
내두 좌평(內頭佐平)	창고 업무를 관장
내법 좌평(內法佐平)	의례에 관한 일을 관장
위사 좌평(衛士佐平)	숙위 군사를 관장
조정 좌평(朝廷佐平)	형벌과 감옥 사무 관장
병관 좌평(兵官佐平)	지방 군사 업무 관장

8성 귀족

백제 사회를 이끌던 8개의 귀족 집안

　　백제 사회를 이끌던 8개의 귀족 집안으로 해씨(解氏)·사씨(沙氏)·연씨(燕氏)·협씨(進氏)·진씨(眞氏)·골씨(骨氏)·백씨(苩氏)·목씨(木氏) 등을 8

성 귀족이라고 해. 이들은 왕가와의 혼인을 통해 자신들의 권력을 상호 견제하기도 하고 협력하기도 하면서 백제 사회를 이끌었지. 즉, 백제는 8성 귀족이 연합하여 국가를 조직하고, 이들을 중심으로 움직였어.

신라

감은사지 3층 석탑

감은사지에 있는 통일신라 시대의 탑

통일신라 시대인 682년(신문왕 2년)에 세워진 쌍탑이야. 전체 높이는 13.4m로 화강암으로 된 2층 기단 위에 3층의 탑신을 올렸어. 기단을 2층으로 한 것은 이전에는 없던 새로운 형식인데, 이후 한국 석탑의 전형을 이루었어. 균형미가 빼어나고 격조가 있으면서 힘이 넘치는 호국탑이야.

감은사는 문무왕이 삼국통일 후 나라를 굳건하게 지키겠다는 염원을 담아 동해 바다가 내려다보이는 곳에 호국 사찰로 지은 거야. 하지만 문무왕은 감은사의 완공을 보지 못한 채 세상을 떠나고 말았지. 문무왕은 세상을 떠나면서 '내가 죽어서도 동해 바다를 지키는 용이 되어 신라를 수호할 것이니 나를 동해 바다에 묻도록 하라'는 유언을 남겼어. 문무왕의 아들인 신문왕은 부왕의 유지를 받들어 즉위한 지 2년째 되던 해에 감은사를 완공하고 그 해에 감은사 삼층 석탑을 세운 거야. 현재는 절터 위에 석탑만 남아 있지.

개국
신라 진흥왕의 연호

신라의 진흥왕이 551년(진흥왕 12년)부터 567년까지 사용한 연호야. 진흥왕은 7세에 왕위에 올라 어머니 지소부인 김씨의 섭정을 받다가 18세가 된 551년부터 친정을 시작했지. 그때 법흥왕이 신라 처음으로 사용한 건원(建元)을 폐지하고 이 연호로 바꾸었어. 진흥왕이 연호를 개국(開國)으로 바꾼 것은 새로운 국가를 창업하듯이 활발한 정복 전쟁을 전개하여 신라의 국가적 면모를 새롭게 하겠다는 의지를 반영한 것으로 보여. 진흥왕은 이후 568년에 연호를 다시 대창(大昌)으로 고쳐 발전상을 상징했고 572년(진흥왕 33년)에는 홍제(鴻濟)로 바꾸었다고 해.

거서간
신라 초기에 왕을 부르던 호칭

신라 초기에 왕을 부르던 호칭으로, 거슬한이라고도 하지. 신라를 건국한 박혁거세가 거서간으로 불리었어. 그 후 2대에는 차차웅, 3~16대까지는 이사금, 17~21대에는 마립간, 22대 지증왕부터는 왕이라는 호칭을 사용하기 시작했지. 거서간은 신라어로 왕, 귀인을 뜻하고, 차차웅은 무당을, 이사금은 연장자, 마립간은 대군장이라는 뜻이야. 신라의 왕호 변천은 신라의 발전 과정에서 점점 강화되는 왕권의 모습을 보여주고 있어.

건복

신라 진평왕의 연호

신라 진평왕 6년인 584년에, 572년(진흥왕 33년)부터 사용해오던 연호인 홍제(鴻濟)를 건복(建福)으로 바꾸었어. 이후 634년(선덕여왕 3년)에 '인평(仁平)'으로 바꿀 때까지 50년 동안 이 연호를 사용했지. 그 후 신라는 진덕여왕 때의 연호인 '태화(太和)'를 끝으로 독자적인 연호를 사용하지 않고 당나라의 연호를 사용하게 돼.

건원

신라 법흥왕의 연호

신라는 건국 후 연호를 사용하지 않았는데, 536년(법흥왕 23년) 처음으로 연호를 제정하여 '건원(建元)'이라 부르고 그 해를 '건원 원년'이라고 했어. 이 연호는 551년(진흥왕 12년) '개국(開國)'으로 바뀔 때까지 15년 동안 사용되었어.

골품제

신라의 신분제도

골과 품으로 나누어진 신라의 독특한 신분제도를 말해. '골' 신분에는 성골과 진골이 있는데 성골은 양친이 모두 왕족인 사람으로 왕위에 오를 수 있는 자격이 있어. 진덕왕까지는 성골이 왕위를 독점적으로 세습했어. 진골은 양친 중 한쪽만 왕족인 사람으로 태종무열왕 때부터 왕위를 계승했어. '두품' 신분은 6두품부터 1두품까지 나눠져 있었어. 6두품이 가장 높고 1두품이 가장 낮은 신분이야. 그러다가 1두품에서 3두품까지는 평민과 똑같이 취급되었기 때문에 신라의 신분제도는 성골, 진골, 6두품~4두품, 평민으로 나눌 수 있어. 골품제는 신라인들의 사회 전체를 지배하고 있었어. 결혼도 같은 신분끼리 하는 것이 원칙이었고, 골품에 따라 옷차림과 집의 규모, 심지어는 매일 사용하는 그릇까지 기준이 정해져 있었어.

신라의 벼슬은 골품에 따라 올라갈 수 있는 한계가 있었어. 중앙 관등을 17등급으로 나누었는데, 진골은 최고 벼슬인 1등급 이벌찬에서 5등급인 대아찬까지를 독점하고, 6두품에서 4두품은 6등급 아찬에서 17등급 조위까지의 관직을 가질 수 있었어. 6두품은 6등급 관직인 아찬까지, 5두품은 10등급인 대나마까지, 4두품은 12등급인 대사까지 오를 수 있었지. 이런 신분의 제약과 벼슬의 한계는 결국 불만 세력을 키우게 되었어.

관료전

통일신라 시대에 관료들에게 지급한 토지

신라의 전제 왕권을 강화하던 시기에 관리들에게 지급한 토지를 말해. 관료전은 토지로부터 조세만 취하고 사람들을 지배할 권한이 없었고, 관리가 관직에서 물러나면 반드시 국가에 반납해야 했어. 신문왕이 전제 왕권을 확립하기 위해 토지 제도를 바꾼 거지.

신문왕 이전까지 신라의 귀족들은 식읍과 녹읍을 받았어. 식읍은 왕족과 공신에게 지급한 토지이고, 녹읍은 관료들에게 지급한 토지였는데, 이것을 지급받은 사람은 농경지로부터 조세를 징수할 뿐만 아니라 주민들을 노역에 동원할 수 있는 권리까지 갖고 있었어.

이후 관료전은 신라 중대 말기인 757년(경덕왕 16년)에 전제 왕권이 약화되면서 폐지되고 녹읍이 다시 부활되었어.

국학
신라 시대의 교육 기관

신문왕 2년(682)에 설치한 신라의 교육 기관이야. 경덕왕 때 대학감으로 이름을 고쳤다가 혜공왕 때 다시 국학으로 돌렸어.

국학에서는 주역(周易), 상서(尙書), 모시(毛詩), 예기(禮記), 춘추좌씨전(春秋左氏傳), 문선(文選)을 나누어 가르쳤어. 국학에 입학할 수 있는 신분에 대해서는 6두품이었다는 주장과 4두품까지도 입학할 수 있었으나 신분에 따라 배우는 과목이 달랐다는 주장이 있어. 국학의 설립 목적에 대해서도, 관료 선발이 목적이었다는 주장과 관료 선발과 더불어 사회화를 위한 장치였다는 주장이 있는가 하면, 신라 중대 왕권이 유학적 지배 체제를 지향하면서 유가 윤리를 확대·재생산하는 제도적 장치로 설치했다고 보는 견해도 있어. 또 국학과 관등제 운영의 연관성을 지적하며 국학을 졸업해야 대나마의 관등에 오를 수 있었다는 주장도 있지.

금강삼매경론
원효가 쓴 〈금강삼매경〉의 주석서

686년(신라 신문왕 6년)에 원효가 중국에서 전해진 〈금강삼매경〉에 주석을 붙인 책이야. 〈금강삼매경〉은 중국 남북조 시대에서 당나라 초기까지 중국 불교에서 제기된 교리를 다루고 있는데 많이 압축된 경전이어서 이해하기 어려웠지. 여기에 원효가 공(空) 사상과 화엄 사상의 기본 골격을 담아 해석해 놓은 책이라고 해.

금관

금으로 만든 관모(冠帽)

금으로 만든 관모는 착용자의 신분을 나타내거나, 특별한 의식을 집행할 때 그 권위를 상징하기 위하여 제작된 것으로 추측하고 있어. 순금으로 만든 고대 금관은 전세계에 10점 밖에 없는데 그 중 6점이 신라 금관이야. 금관은 4~6세기 신라 고분에서만 발견되었는데 천마총, 서봉총, 금령총, 황남대총, 금관총, 교동 등에서 출토되었어.

금관총 금관의 높이는 44.4cm이고 머리띠의 지름은 약 19cm야. 무게는 1kg에 달하는데, 이것은 금 100돈 정도에 해당하는 무게라고 해. 금을 얇게 펴고 가늘게 잘라 세밀하게 장식이 되어 있지. 그만큼 실제로 쓰고 다닐 수 없을 정도로 아주 약하다는 의미야. 무게도 상당해서 쓰고 다니기는 힘들었을 거야. 그래서 왕이 죽은 뒤에 금관을 껴묻거리 중 하나로 넣어 주었을 것이라고 추측하고 있어.

기마인물모양 토기

가야 시대의 토기

가야를 대표하는 유물이야. 나팔 모양의 받침 위에 판을 설치하고 그 위에 말을 탄 무사의 형상을 올려놓았는데 표현 방법이 아주 사실적이어서 당시 가야 무사의 모습을 연구할 수 있는 귀중한 자료로 평가받고 있어. 무사는 머리에 투구를 쓰고 오른손에는 창을, 왼손에는 방패를 들고 있는 모습을 하고 있어.

기벌포 전투

나당전쟁 때 기벌포에서 벌인 신라와 당나라의 전투

676년(문무왕 16년) 나당전쟁 때 기벌포에서 신라의 해군이 당나라 해군을 크게 물리친 전투야. 기벌포는 지금의 금강 하구에 해당하는 지역이야. 나당연합으로 백제와 고구려를 무너뜨린 당나라는 고구려의 평양 이남과 백제 땅을 신라에 주기로 한 약속을 어기고 평양에 안동도호부, 웅진에 웅진도독부, 신라에 계림도독부를 설치했어. 이에 신라는 당나라와 전쟁을 시작했지. 이 전쟁은 670년부터 676년까지 지속되었어. 신라는 675년 천성과 매소성에서 당나라 군대를 크게 물리쳤어. 그러자 당은 676년 금강 하구 기벌포에 설인귀가 지휘하는 당나라 함대를 침입시켜 신라를 다시 공격해 왔어. 이후 22번에 걸친 크고 작은 전투 끝에 신라는 결국 당나라 수군 4천여 명의 목을 베고 승리하였지. 기벌포 전투의 승리로 신라는 서해의 제해권을 완전히 장악하였고 통일 전쟁을 승리로 마무리할 수 있었지.

녹읍

신라 시대에 관료에게 지급한 토지

이 토지를 받은 관리는 토지에 대해 세금을 거둘 수 있는 권리뿐만 아니라 노동력과 공물을 수취할 수 있는 특권이 있었어. 전제 왕권이 강화되던 시기인 신문왕 때 폐지되었다가 757년(경덕왕 16년)에 왕권이 약화되면서 다시 부활되었어.

단양 적성비
신라 진흥왕 때 세운 비석

신라 진흥왕 때 충북 단양의 적성(赤城)에 세운 비석이야. 진흥왕의 명을 받은 이사부를 비롯한 신라의 장군들이 고구려 영토였던 적성을 공략하여 차지한 뒤 영토 편입을 기념하고, 신라를 도운 적성 출신의 야이차와 가족 등 주변인물을 포상하고 적성지역의 백성들을 위로할 목적에서 세웠다고 해. 이 비에는 기존의 문헌자료에 보이지 않는 내용이 많이 담겨 있어서 조세제도와 사회상 등 신라의 역사를 이해하는 데 많은 도움을 주고 있어.

대승기신론소
원효가 쓴 〈대승기신론〉의 주석서

중국 당나라 마명이 지었다는 〈대승기신론〉에 원효가 주석을 단 책이야. 〈대승기신론〉은 마명의 저작으로 전해지고 있지만, 중국에서 펴낸 위경이란 주장도 있어. 원효는 주석을 달 때 원문의 글 뜻에 매달리지 않고

원 저자의 정신을 드러내려고 노력했다고 해. 구성은 크게 ① 종체(宗體)를 밝힌 부분, ② 제목에 대한 해설, ③ 본문에 대한 해석으로 나뉘어 있어. 대승의 '대(大)'는 널리 모든 것을 포용한다는 뜻으로 진리를 두고 한 말이며, '승(乘)'은 싣고 나르는 것을 그 기능으로 삼기 때문에 수레라고 표현한 거야. '기신(起信)'은 이런 논의에 따라 믿음을 일으키게 하는 것이라는 말이며, 믿음이란 결정적으로 '그렇다'라고 말하는 것임을 밝히고 있어.

대창

신라 진흥왕이 사용한 연호

진흥왕 29년인 568년부터 571년까지 사용한 연호야. 신라는 법흥왕 23년인 536년에 처음으로 '건원'이라는 연호를 사용했어. 그 뒤 진흥왕 12년인 551년에 '개국'으로 바꾸었고 568년 다시 '대창(大昌)'이라고 했다가 572년 연호를 다시 '홍제'로 바꾸었어.

도독

신라 시대의 관직

신라 시대에 주(州)를 담당했던 지방장관으로, 급찬(9관위)에서 이찬(2관위)까지의 벼슬 중에서 임명되었어. 505년(지증왕 6년) 장수 이사부를 실직주(강원 삼척)의 도독으로 삼으면서 이 명칭을 처음 사용했다고 해. 661년(문무왕 1년)에는 도독을 총관으로 이름을 바꾸어 9주(州)에 두었다가, 785년(원성왕 1년)에 다시 도독으로 개칭하고 각주에 딸린 군(郡)·현

(縣)을 다스리게 했지. 도독은 행정권, 사법권, 징세권을 갖고 있어서 주에 거주하는 모든 주민은 장관인 도독의 명령을 따라야 했기 때문에 도독의 지위는 막강했다고 해.

독서삼품과
신라의 관리 선발 제도

788년(원성왕 4년)에 유교 정치 사상에 입각하여 정치를 운영할 목적으로 국학 내에 설치한 관리 선발 제도야. 학생들을 유교경전 독해능력에 따라 상·중·하의 3등급으로 구분하는 일종의 졸업시험이었지. 이 성적을 관리임용에 참고했기 때문에 독서삼품과는 관직 진출을 제도적으로 보장하는 장치였어. 하지만 신라 하대에 들어와 진골 귀족 간의 왕위쟁탈과 세력 갈등이 격화되면서 학문적 능력보다는 출신 신분이 중요시되어 이 제도는 유명무실해지고 말았어.

돌무지 덧널 무덤
신라의 무덤 형식

구덩이 혹은 지상에 돌을 깔고 나무로 덧널을 만든 다음 그 안에 관을 넣고, 냇돌로 나무 덧널을 덮은 후 다시 봉토를 씌워 동산처럼 만드는 신라의 무덤형식을 말해. 경주에 있는 천마총이 이런 형식으로 만들어진 무덤이지. 구조상 벽화를 그릴 수 없고 흙무더기가 쌓여 도굴이 어려웠기 때문에 많은 유물이 출토될 수 있었어.

마립간

신라 시대 왕을 부르던 호칭

신라 17대부터 21대까지 왕을 부르던 호칭이야. 화랑세기에 따르면 마립간은 '말뚝의 왕'이라고 해. 여기서의 말뚝은 조선 시대의 품석(品石)과 같은 것으로 마립간은 '으뜸가는 품계'라는 뜻이 되지. 마립은 마리, 마루 등과 같은 어원에서 유래한 것으로 극소, 정상을 뜻하며, 고구려의 최고 관직인 막리지와도 상통하는 말로, 대군장이라는 뜻으로 해석하기도 해. 신라를 건국한 박혁거세는 거서간으로 불리었고 그 후 2대에는 차차웅, 3~16대까지는 이사금, 17~21대에는 마립간, 22대 지증왕부터는 왕이라는 호칭을 사용하기 시작했지. 거서간은 신라어로 왕, 귀인을 뜻하고, 차차웅은 무당을, 이사금은 연장자라는 뜻이야. 신라의 왕호 변천은 신라의 발전 과정에서 점점 강화되는 왕권의 모습을 보여주고 있어.

매소성 전투

나당 전쟁 때 매소성에서 벌인 신라와 당나라의 전투

나당 전쟁 때인 675년 신라와 당나라가 매소성에서 벌인 전투야. 나당 연합으로 백제와 고구려를 무너뜨린 당나라는 고구려의 평양 이남과 백제 땅을 신라에 주기로 한 약속을 어기고 평양에 안동도호부, 웅진에 웅진도독부, 신라에 계림도독부를 설치했어. 이에 신라는 670년 당나라와 전쟁을 시작했지. 672년에는 신라가 웅진성의 웅진 도독부를 몰아내고 백제 땅을 되찾았어. 이에 675년 당나라의 장수 이근행이 20만 대군을 이끌고 매소성에 쳐들어왔어. 신라는 이 전투에서 당나라군을 거의 전멸시키고 말 3만 380필을 빼앗았고, 3만 명분의 무기도 빼앗았지. 그 후 676년 기벌포 해전에서도 승리하면서 나당 전쟁은 신라의 승리로 끝나고 신라는 완전한 통일을 이루었어.

무구정광대다라니경
세계 최초의 목판 인쇄물

704년~751년 사이에 제작되었을 것으로 추정하는 목판 인쇄물이야. 두루마리 형태의 이 불교 경전을 1966년 불국사 삼층석탑(석가탑)을 보수하기 위해 해체하다가 발견했지. 현재 국보 126-6호로 지정되어 국립중앙박물관에 소장되어 있어.

민정 문서
통일신라 시대의 토지 문서

통일신라 시대의 토지 문서야. 세금을 걷고 농민의 노동력을 파악해 역을 지우기 위해 만든 것으로 신라장적이라고도 해. 촌락의 대장인 촌주가 그 변동 사항을 조사해 3년에 한 번씩 작성했단다. 이 문서 중 하나가 일본 쇼소인(절의 건물 이름)에서 발견되었어. 755년에 작성된 이 문서를 보면 서원경(지금의 청주)의 4개 촌락에 대하여 촌의 면적과 인구, 호, 소와 말, 뽕나무, 잣나무, 호두나무 등 세금을 걷기 위해 필요한 촌락 재산을 자세히 기록하고 있어. 민정 문서는 통일신라 시대의 토지 제도를 이해하는 데 귀중한 자료가 되고 있어.

법상종

통일신라 때 성립된 불교 종파

통일신라 때 유식론(有識論)을 근거로 하여 세워진 불교 종파야. 유식론은 우주 만물의 본체보다 현상을 세밀하게 분류하고 분석하는 입장을 취하여, 모든 만물은 오직 식(識)이 변해서 이루어진 것이라고 파악하지. 신라의 경덕왕 때 진표가 개창했어. 고려 시대에 들어와서도 법상종은 화엄종과 함께 교종의 2대 종파가 되어 고려 불교의 주축을 이루었어.

법주사 쌍사자 석등

통일신라 시대의 석등

충청북도 보은군 법주사에 있는 통일신라 시대의 석등이야. 높이 330cm의 화강암으로 만들어져 있고 국보 제 5호로 지정되었어. 일반형 석등의 간석(竿石) 부분을 8각기둥 대신 암수 두 마리의 사자를 새겨 변화를 준 이형 석등이야. 이 석등은 8각을 기본으로 하면서 간석에 변화를 주어 구성이 간결하고 전체 비례가 적당하여 통일신라 시대 석등의 걸작으로 꼽히고 있단다.

병부

신라 시대 군사 업무를 총괄한 관청

신라 법흥왕이 설치한 관청으로 군사에 관한 업무를 총괄했지. 병부의 설치에는 이전에 귀족들이 각기 거느리고 있던 군사력을 국가의 행정력에 의해 통제하고자 하는 국왕의 의도가 반영된 것이라고 할 수 있어. 병부의 설치로 법흥왕은 왕권 강화에 도움을 받을 수 있었지.

부도

승려의 사리나 유골을 봉안한 묘탑

승려의 사리나 유골을 봉안한 묘탑을 '부도'라고 말해. 우리 나라의 경우 중국 당나라로부터 선종이 들어온 9세기 이후 사리와 유골을 담은 묘탑이 중요한 예배 대상이 되어 많은 부도가 세워졌어. 쌍봉사철감선사탑(868)이 유명하지.

북한산 진흥왕 순수비

신라 진흥왕이 세운 비석

신라 진흥왕이 한강 유역을 영토로 편입한 뒤 영토를 직접 돌아보고 세운 비석이야. 국보 제 3호로 지정되어 있어. 비문은 모두 12행으로 되어 있고 각 행에 32자씩 해서체의 글자가 새겨져 있는데 닳아 없어진 부분이 많아 판독할 수 없는 글자가 많다고 해. 비문에는 이 지방을 방문하는 목적과 비를 세우게 된 까닭, 진흥왕의 영토 확장을 찬양하는 내용, 민심을 수습하고 공을 세운 사람들에게 포상을 내린다는 내용 등이 쓰여 있어. 비의 건립 연대는 비문에 새겨진 연호가 닳아 없어져 확실하지 않지만, 《삼국사기》의 기록을 참고할 때 관산성 전투에서 한강 유역을 차지한 후인 555년 경일 것으로 추측하고 있지. 이 비석은 조선 순조 16년(1816년)에 추사 김정희가 발견하여 판독하면서 세상에 알려지게 되었고, 삼국 시대의 역사를 연구하는 데 귀중한 자료가 되고 있어.

분황사 모전 석탑
신라 시대의 모전 석탑

634년(선덕여왕 3년) 분황사 창건과 함께 만들어진 신라의 석탑이야. 이 탑은 안산암이란 돌을 벽돌처럼 잘게 잘라서 쌓아 올린 모전 석탑(模塼石塔)으로도 주목받고 있어. 모전 석탑이란 돌을 벽돌모양으로 다듬어 쌓은 탑을 말해. 탑의 기단과 탑신의 받침돌, 그리고 사방의 탑문과 문기둥은 화강암으로 되어 있어 석탑의 잔재를 보여주고 있지. 이 탑은 현재 3층까지만 남아 있지만 원래는 9층탑이었다고 해.

불국사 다보탑
다보여래의 사리를 모셔 세운 통일신라 시대의 화강석 석탑

다보탑은 경주 불국사에 있는 통일신라 시대의 석탑이야. 불국사 대웅전 앞뜰에 석가탑과 함께 서 있지. 법흥왕 때 창건(535년)하여 경덕왕 때 (751년) 김대성의 발원으로 불국사가 중건될 때 함께 수축한 것으로 추정되고 있어. 1925년 일제 강점기에 보수를 했는데 이때 유물이 많이 훼손되었다고 해. 2008년 12월부터 1년간 원형 복원 작업을 하여 현재는 상륜부(相輪部)에 보주(寶珠)가 없을 뿐 그 외에는 완전한 것으로, 높이는 10.4미터에 이르지.

이 탑은 한국의 어떤 다른 석탑과도 닮지 않은, 독특한 아름다움을 가

진 석탑으로, 목조 건물의 복잡한 구조를 화강석을 이용해서 아름답게 표현했어. 또한 경쾌하면서도 웅장하고 번잡한 듯하면서도 전체적으로 통일감이 있을 뿐만 아니라, 돌을 자유자재로 다룬 기법은 놀랄 만한 것으로 평가받고 있어.

불국사 3층 석탑

통일신라 시대의 석탑으로 '석가여래상주설법탑' 이며 보통 '석가탑' 이라고 함

경주 불국사에 있는 통일신라 시대의 석탑이야. 다보탑과 함께 대웅전 앞뜰에 세워져 있는데, 이 중 서쪽에 있는 탑이 불국사 3층 석탑으로 원래의 이름 '석가여래상주설법탑(釋迦如來常住設法塔)'을 줄여 '석가탑' 이라고도 불러. 두 탑을 같은 위치에 세운 이유는 '현재의 부처' 인 석가여래가 설법하는 것을 '과거의 부처' 인 다보불이 옆에서 옳다고 증명한다는 〈법화경〉의 내용에 따른 것이라고 해.

이 탑은 또 '무영탑(無影塔 : 그림자가 비치지 않는 탑)' 이라고도 불리는데, 여기에는 석가탑을 지은 백제의 석공 아사달을 찾아 신라의 서울 서라벌에 온 아사녀가 남편을 만나보지도 못한 채 연못에 몸을 던져야 했던 슬픈 전설이 서려 있어.

탑은 불국사가 창건된 통일신라 751년(경덕왕 10년) 때 조성되었어, 2단의 기단(基壇) 위에 3층의 탑신(塔身)을 세운 석가탑은 8세기 통일신라 시대의 훌륭한 작품으로 평가받고 있어.

빈공과

중국에서 외국인을 상대로 실시한 과거제도

    당나라 때 처음 실시한 과거제도로 명나라 때 폐지되었지. 신라 말 당나라 유학생이 늘면서 빈공과에 합격하는 사람이 많았는데, 6두품 출신으로 최치원, 최승우, 최언위 등이 있어. 신라에는 과거제도가 없었고 골품제도로 인해 신분 제약을 많이 받았기 때문에 신라의 6두품 출신들이 많이 응시했지.

상대등

신라 시대의 최고 관직

    신라의 중앙 관제 중 최고위 관직이야. 법흥왕 18년(531년)에 설치되었는데, 귀족회의를 주재하고 의결 사항을 왕에게 아뢰어 허가를 얻어 실행하게 하는 일을 했어. 실제로 왕권에 대한 견제의 성격을 갖고 있었고, 회의 양식은 한 사람이라도 반대하면 의결되지 않는다는 화백 제도를 취하였지. 상대등은 중대(中代) 이후 전제 왕권이 확립된 후에는 약화되어 정치적 실권이 왕의 지배를 받는 최고 기관인 집사부의 시중에게 넘어갔다가 하대에 왕권이 약화되면서 다시 강해지기도 했어. 특히 800년대 전반기에는 상대등을 축(軸)으로 하여 치열한 왕위쟁탈전이 벌어지기도 했단다.

상수리 제도

신라 시대 호족 세력을 견제하기 위해 마련한 제도

신라 시대 중앙 정부가 지방 호족 세력을 견제하기 위해 마련한 제도야. 호족 본인이나 호족의 자제를 일정 기간 동안 중앙정부에 머무르게 하는 제도지. 일종의 볼모를 이용해 지방 세력을 통제한 거야.

상원사 동종

통일신라 시대에 구리로 만든 종

오대산 상원사에 있는 동종으로 신라 성덕왕 24년(725년)에 만들어졌어. 경주 성덕대왕신종(국보 제29호)과 함께 우리나라에 남아 있는 완전한 형태의 통일신라 시대 범종 3구 중 하나야. 높이는 167cm, 입지름은 91cm야. 이 종은 조각 수법이 뛰어나며 종 몸체의 아래와 위의 끝부분이 안으로 좁혀지는 고풍스런 모습을 하고 있어. 또한, 우리나라에 현존하는 종 가운데 가장 오래되고 아름다운 범종으로 음향이 맑고 깨끗할 뿐 아니라 한국 종의 고유한 특색을 모두 갖추고 있다고 해.

서시전

신라 시대에 시장의 업무를 관장한 관청

신라 시대에 시장의 업무를 관장하기 위하여 수도 경주에 설치한 관청이야. 695년(효소왕 4년) 남시전과 함께 설치되었어. 시장의 업무를 개시하는 시간과 끝내는 시간, 도량형의 사용, 물건을 거래하다가 일어나는 각종 분쟁의 해결, 왕궁에서 필요한 물품의 조달 등에 관여했을 것으로 추정되고 있어. 소속 관리로는 감 2명, 대사 2명, 서생 2명, 사 4명을 두 었지. 우두머리인 감은 17관등 중 11관위인 나마부터 10관위인 대나마 사 이의 관등에서 임명되었다고 해.

석굴암 본존 불상

경주 불국사 석굴암에 있는 불상

불교 예술은 통일신라 시대인 8세기 중엽에 절정을 이루게 되는데 그 최고의 정점이 석굴암 본존 불이라고 할 수 있어. 본존은 부처로 '석가모 니불'을 말해. 이 불상은 이목구비 하나하나가 매우 훌륭하게 표현되어 있는데 특히 깊은 명상에 잠긴 듯 가늘게 뜬 눈에서는 강인하고 위엄 있 는 모습을 볼 수 있어. 얼굴은 매우 근엄하여, 종교적 숭고함을 느끼게 해. 신체의 비례도 완벽하고 한쪽 어깨를 내놓은 모습과 당당하게 벌어진 어깨와 늠름한 자세는 아름다움의 극치를 보여준다고 평가받고 있어.

본존불이 있는 석굴암은 경주시 토함산 중턱에 있는 석굴 사찰이야. 신라 751년(경덕왕 10년), 당시 51세였던 김대성이 만들기 시작하여 20여 년 후에 완성되었어. 석굴암은 인위적으로 만들어진 석굴인데, 1913년 이 후에 일제가 수차례 해체·조립·수리하면서 훼손되어 현재는 부실 복원에 따른 습도 문제로 인해 유리벽으로 막아 보존되고 있어. 석굴암은 건축, 수리, 기하학, 종교, 예술적인 가치와 독특한 건축미를 인정받아 불국사 와 함께 1995년 유네스코가 지정한 세계문화유산이 되었어.

선종

참선 수행을 강조하는 불교의 종파

참선 수행을 통해 깨달음을 얻는 것을 중요시하는 불교의 한 종파야. 통일신라를 전후하여 선종이 처음 전래되었을 때는 주목을 받지 못하다가 신라 말기에 귀족 사회의 분열이 심화되고 지방 세력이 일어나는 변화에 맞추어 기반을 넓혔지. 경전의 이해를 통해 깨달음을 추구하는 교종과는 달리 선종은 구체적인 실천 수행을 통해 각자의 마음 속에 내재된 깨달음을 얻는다는 실천적인 경향이 강했어. 기존의 교종 체제를 뒤엎는 혁신적인 성격은 당시 불교계의 개혁 요구와도 일치하였고, 지방에서 독자적인 세력을 구축하려는 호족의 이념적 지주가 되기도 했어.

선종 승려들 중에는 지방의 호족 출신이 많았어. 그들은 호족 세력들과 결합하여 각 지방에 근거지를 두었는데 그 중에서 대표적인 9개의 선종 사원이 9산 선문이야. 선종은 중앙 귀족 사회의 모순에 대한 혁신을 내세우며 등장한 호족과 뜻을 같이 하였기 때문에 지방을 근거로 성장하여 지방 문화 역량의 증대를 가져왔어. 선종 승려들은 사회변혁을 희망하던 6두품 지식인들과 함께 새로운 고려 사회를 건설하는 데 사상적 바탕을 마련했다는 평가를 받고 있어.

성덕대왕 신종

통일신라 시대의 범종

신라 시대에 만들어진 현존하는 한국 최대의 종이야. '에밀레종'으로 부르거나 봉덕사에 걸려 있던 종이라 하여 '봉덕사종'이라고 부르기도 해. 742년부터 신라 경덕왕이 아버지인 성덕왕의 공덕을 알리기 위해 만들려고 했으나 뜻을 이루지 못하고 손자 혜공왕이 771년에 완성했어. 국보 제29호로 높이 3.75m, 입지름 2.27m, 두께 11~25cm이며 국립경주박물관에 소장되어 있지. 원래 봉덕사에 걸었던 것을 1460년(세조 6년) 영묘사에 옮겨 걸었는데, 홍수로 절이 떠내려가고 종만 남아서 봉황대 옆에 종각을 짓고 보존하다가 1915년 경주박물관으로 옮겼어.

세속 오계

화랑이 지켜야 하는 다섯 가지 계율

신라 시대 화랑이 지켜야 했던 다섯 가지 계율로 화랑오계라고도 해. 600년(진평왕 22년) 원광이 중국 수나라에서 돌아오자 귀산과 추항이 원광을 찾아가 평생을 두고 경계할 가르침을 청했더니, 이 오계를 주었다고 해. 즉 사군이충(事君以忠 : 충성으로써 임금을 섬긴다)·사친이효(事親以孝 : 효도로써 어버이를 섬긴다)·교우이신(交友以信 : 믿음으로써 벗을 사귄다)·임전무퇴(臨戰無退 : 싸움에 임해서는 물러남이 없다)·살생유택(殺生有擇 : 산 것을 죽임에는 가림이 있다)을 말해. 이는 뒤에 화랑도의 신조가 되어 화랑도가 발전하고, 삼국 통일의 기초를 이룩하게 하는 데 크게 기여했어.

신라관

당나라에 있는 신라 사신들의 숙소

신라가 중국 당나라 산둥반도의 등주에 설치한 사신들의 숙소야. 산둥성의 등주는 삼국 시대부터 경기도 남양만에서 황해를 건너 중국으로 들어가는 사신들의 상륙지로, 여기에서 머물다 수도 장안으로 가게 되어 있었어. 신라는 일찍부터 이 지역에 신라관을 설치하여 중국으로 들어가는 사신이나 유학승의 체류와 접대에 편의를 제공하였지.

신라방

당나라에 있는 신라인들의 집단 거주지

신라 시대 당나라에 있던 신라 사람들이 주로 모여 살던 집단 거주지역으로 신라와 당나라 간 교통의 중심지가 되었어. 신라는 삼국을 통일하면서부터 당·일본과 무역을 하는등 점차 해상 활동을 활발히 펼쳐 해상 무역 활동이 편리한 곳에 이민하여 집단적으로 거주했지. 당나라의 해안 지방에 있는 집단 거주지를 신라방이라고 하는데, 그 중 신라인을 다스리기 위한 총관까지 배치한 산둥 성 등주의 것이 유명하며, 산둥 성에서 장쑤 성에 걸쳐 존재했어. 또 문등현 적산촌에는 적산원이란 신라인의 사찰이 세워져 신라와 일본에서 승려가 왔으며, 장보고가 해상권을 장악한 후 해상 무역을 신라인이 독점하면서 더욱 번영했다고 해.

신라소
당나라에 설치한 신라인의 자치적 행정 기관

신라와 당나라 사이에 교류가 늘어나면서 신라인이 당나라에 설치한 자치적 행정 기관이야. 신라방에 거주하는 신라인을 다스리기 위한 것이었지.

신라원
신라인이 당나라에 세운 절

적산원처럼 신라인이 당나라에 세운 절을 가리키는 말이야. 신라인은 당나라의 산둥 성으로부터 장쑤 성에 걸쳐 많이 살았는데, 신라인들의 집단적 거류지인 신라방 안에 절을 세워 신라원이라 했어.

신라 유리 그릇
신라의 무덤에서 출토된 유리 그릇

신라의 왕릉급인 황남대총, 금관총, 금령총, 천마총 등에서 출토된 유리 그릇이야. 당시 신라에는 그만한 유리 세공 기술이 없었던 것으로 보아 이 유리제품들은 로마나 서역과 교류했다는 증거가 되지. 이 그릇들은 유라시아 대륙을 건너 중국과 한반도에 들어온 것으로 보여. 그러나 안계리 출토품 등 일부 제품은 신라에서 제조된 것으로 추정해.

쌍봉사 철감선사 승탑

통일신라 시대에 쌍봉사에 세운 승탑

화순 쌍봉사에 있는 승탑이야. 현재 우리 나라에 남아 있는 승탑 중에서 연곡사 부도와 더불어 형태와 조각 기법이 가장 아름답다는 평가를 받고 있어. 승탑은 통일신라 시대에 선종이 유행하면서 스님의 사리를 보관하기 위해 세우기 시작했어. 이 승탑은 도굴꾼들이 사리 장치를 빼내기 위해 쓰러뜨린 것을 1957년에 다시 맞추어 세워 놓았다고 해. 하지만 이 과정에서 지붕돌의 추녀가 훼손되었어. 통일신라 시대의 전형적인 팔각원당형의 모습을 하고 있는데 기단부 위에 탑신과 옥개석(지붕돌)이 있고, 옥개석 위에는 찰주공만 남아 있고 상륜부는 없어진 상태야.

안압지

신라 시대에 만든 인공 연못

신라 문무왕 때에 경주에 조성된 인공 연못이야. 신라가 삼국 통일을 이룬 직후인 문무왕 14년(674년)에 황룡사 서남쪽 372미터 지점에 조성되었어. 큰 연못 가운데 3개의 섬을 배치하고 북쪽과 동쪽으로는 무산(巫山)을 나타내는 12개 봉우리로 구성된 산을 만들었는데 이는 동양의 신선 사상을 상징한 것으로 보고 있어. 섬과 봉우리에는 아름다운 꽃과 나무를 심고 진귀한 동물을 길렀대. 신라 때는 이 연못을 월지(月池)라고 불렀는데, 조선 시대에 폐허가 된 이곳에 기러기와 오리들이 날아들면서 안압지(雁鴨池)라는 이름으로 불리기 시작했다고 해.

왕오천축국전
신라 시대 혜초가 쓴 인도 여행기

승려 혜초가 727년(성덕왕 26년)에 지은 인도 여행기야. 고대 인도의 5천축국(동천축, 서천축, 남천축, 북천축, 중앙천축)을 답사하고 쓴 여행기로, 필사본 1권 1책으로 되어 있어. 이 책은 1908년 3월 프랑스의 동양학자 P.펠리오가 중국 북서 지방 간쑤 성의 둔황 천불동 석불에서 발견했다고 해. 이 책에는 당시 인도 및 서역 각국의 종교와 풍속, 문화 등에 관한 기록이 실려 있어.

외사정
신라 시대에 지방관을 감찰하기 위해 설치한 외관직

신라 시대에 지방관의 비행을 감찰하기 위해 설치한 외관직으로 673년(문무왕 13년)에 주에 각 2명씩, 군에 각 1명씩을 두어 모두 133인이 있었다고 해. 근무지는 지방이었지만 주·군의 장관 밑에 소속되지 않고 중앙의 감찰기구인 사정부 소속의 관원이었을 것으로 추정하고 있어.

이사금
신라 시대 왕을 초기에 부르던 호칭

신라 3대 유리왕부터 16대 흘해왕까지 왕을 부르던 호칭이야. 이사금은 '치리'(齒理)라는 뜻으로 이(齒)가 많은 사람, 즉 연장자를 뜻해. 연장자는 성스럽고 지혜로운 사람으로 생각되었으므로 유리왕과 탈해왕이 서로 왕위를 사양하다가 이가 많은 사람이 왕위에 오른 후 이사금이라고 했다는 설화가 전해지고 있지. 신라를 건국한 박혁거세는 거서간으로 불리었고 그 후 2대에는 차차웅, 3~16대까지는 이사금, 17~21대에는 마립간, 22대 지증왕부터는 왕이라는 호칭을 사용하기 시작했어. 거서간은 신라어로 왕, 귀인을 뜻하고, 차차웅은 무당, 마립간은 대군장이라는 뜻이야. 신라의 왕호 변천을 보면 신라의 발전 과정에서 왕권이 점점 강화되는 것을 알 수 있어.

이수와 귀부

비신의 표면에 용의 형체를 조각하여 장식한 것과 거북 모양의 비석 받침돌

우리나라는 원래 비석을 세울 때 땅에 묻거나 자연석을 그대로 이용했어. 그러다가 통일신라 이후에 당의 영향을 받아 비로소 비석 받침돌인 귀부를 사용하게 되었어. 보통 거북 모양의 귀부 위에 비신을 세우고 비신 위에 두 마리 용으로 장식된 이수를 씌웠다고 해. 지금까지 전해오는 귀부 가운데 가장 오래된 것은 661년에 세워진 태종무열왕릉비(국보 제25호)의 귀부로, 이수와 함께 뛰어난 조형적인 아름다움을 보여주지. 8~9세기를 거치면서 거북의 머리는 용으로 변하고, 표현법도 사실적인 형태에서 점차 위엄 있고 추상적인 형태로 바뀌었어. 12세기경 귀부 형태의 비석받침이 갑자기 대석(臺石) 형태로 바뀌면서 귀부는 차츰 사라지게 되어 조선 시대에는 극소수만 남았지.

인평

신라 선덕여왕의 연호

선덕여왕은 즉위한 뒤에도 선왕인 진평왕의 연호인 건복(建福)을 계속 쓰다가 634년(선덕여왕 3년) 정월에 '인평(仁平)'으로 고쳐 사용했어.

임신서기석

신라 시대 화랑들이 충성을 맹세하는 내용을 새긴 비석

신라 시대 화랑들이 '임신(壬申)' 년에 충성을 맹세하여 기록한다는 의미로 붙여진 이름이야. 1934년경 경상북도 경주시 현곡면 금장리 석장사 터 부근에서 발견되어 현재 국립경주박물관에 보관되어 있어.

비석은 길이 약 30cm, 너비는 윗부분이 12.5cm로 아래로 내려갈수록 좁아지는 모양을 하고 있지.

임신년의 연대는 정확히 알 수 없지만 충성을 맹세한 점으로 미루어 화랑도가 융성했던 552년(진흥왕 13년) 또는 612년(진평왕 34년)의 어느 한 해일 것이라고 보는 견해가 유력해. 이 비석은 신라의 유교 도덕에 대한 실천 사상을 엿볼 수 있는 귀중한 자료야.

정전

통일신라 시대에 백성들에게 지급한 토지

통일신라 722년(성덕왕 21년) 8월에 처음으로 백성에게 지급했다는 토지야. 신라 민정 문서에 나타나는 연수유전(烟受有田)이나 연수유답(烟受有畓) 또는 문헌에 나타나는 구분전(口分田)과 같은 성격의 토지라고 볼 수 있지. 즉 토지국유제의 일환으로 지급한 것이 아니라 기본적으로 백성들이 가지고 있던 사유지를 법제적으로 추인하면서 토지가 없는 백성들에게는 국유지를 지급했던 것으로 보여. 정전의 지급 대상은 기본적으로 국가에 일정한 역(役)을 담당하는 '정(丁)'을 대상으로 하였는데, 신라의 경우에는 15세 이상의 장정을 말해.

정토신앙

아미타불이 사는 정토에 왕생하려는 신앙

아미타불이 사는 서방정토는 극락세계로, 아미타불이 중생을 구제하기 위해 만든 곳이라고 해. 왕생(사람이 이 세상에서 죽어 다른 세상에 다시 태어남)의 방법에는 염불(念佛) 왕생, 제행(諸行) 왕생, 조염불(助念佛) 왕생 등이 있는데 정토신앙에서는 염불 왕생을 중요하게 생각하지. 즉 육자진언(六字眞言)인 나무아미타불을 염송하기만 해도 서방정토에 왕생할 수 있다고 보는 거야.

정토신앙은 4세기 말 중국의 혜원이 여산의 동림사에 들어가 동지들과 결사(結社)를 하고 염불을 행한 데서 시작되었다고 해. 한국에서는 삼국 시대에 들어와 원효에 의해 크게 성행하면서 불교 대중화를 이끌었지. 현재에도 가장 대중적이고 서민적인 신앙 형태라고 볼 수 있어.

집사부

신라 시대 최고의 중앙 행정 기구

신라의 중앙행정관청 13부에 속한 국왕 직속의 최고 행정 기관이야. 왕의 명령을 집행하고 보고하며 중요한 기밀업무를 맡는 등 국가의 정책 전반을 관장했지. 651년(진덕여왕 5년) 중앙의 최고 기관이었던 '품주(稟主)'를 개편하여 만들었어.

집사부는 정권을 장악한 김춘추와 김유신 세력이 화백(和白)회의로 상징되는 귀족세력에 대항하여 왕권의 전제화를 이루기 위해 설치한 거야. 따라서 장관인 시중은 왕의 측근으로서 기밀업무와 왕명출납을 맡아 전제왕권의 방파제 역할을 했을 것으로 봐. 통일 후 신문왕 때 전제왕권이 이루어지면서 집사부 시중의 권한이 커지고 화백회의를 주도한 상대등의 권한은 약화되었어. 하지만 집사부 업무의 특성상 시중은 정치적으로 수상의 지위에 오르지는 못했고 집사부도 수상관부가 아닌 조선 시대의 승정원과 비슷한 것으로 보는 견해가 많아.

차차웅

신라 시대에 왕을 부르던 호칭

신라의 2대 왕 남해 차차웅이 사용했던 칭호야. 삼국사기에 따르면 차차웅은 무당이라는 뜻을 지닌 존장자의 칭호라고 해. 이 때문에 차차웅이라는 명칭은 아직 국가기반이 다져지기 전인 제정일치 시대의 유산이라는 주장도 있어. 하지만 당시 세계 정세 등을 고려해 볼 때, 서기 1세기 경까지 제정일치가 유지되었다고 보는 것은 지나치게 신라를 얕잡아본 결과라는 해석도 있어. 따라서, 차차웅은 단순히 '2대 왕'이라는 표현이고, 이사금이라는 표현이 등장하기 전에 임시로 쓰인 표현이라는 해석도 있지.

청해진
신라가 청해에 설치한 군사기지

828년(흥덕왕 3년) 신라가 장보고의 요청에 따라 지금의 완도에 설치했던 진(鎭)이야.

당나라 서주에서 군중소장을 지내던 장보고는 당나라 사람이 종종 신라의 변방 사람을 잡아다가 노비로 삼는 것에 격분해서 신라로 귀국한 뒤 이를 막기 위해 청해진을 설치할 것을 왕에게 청했어. 왕은 이를 수락하고 장보고를 청해진 대사로 임명했지. 이에 장보고는 군사 1만 명을 이끌고 이곳을 중심으로 서남 해안의 해상권을 잡았어. 그리고는 당시 성행하던 해적을 소탕하고 중국, 일본 간에 끼어들어 해상 무역의 패권을 차지했지. 이때부터 청해진은 중계 무역항으로 바닷길의 요충이 되었어. 하지만 문성왕 대에 장보고가 염장에게 살해당한 이후 해체되었고, 청해진의 주민들은 벽골군으로 옮겨졌다고 해.

천마도

천마총에서 출토된 그림

경주 황남동 고분군의 155호 고분인 천마총에서 나온 그림이야. 고분을 발굴할 때 이 그림이 나왔기 때문에 이 고분을 천마총이라고 부르게 되었다고 해. 천마도는 벽화가 아니라 말의 배 가리개에 그린 그림이야. 여러 겹의 자작나무 껍질 위에 말의 모습을 그렸고 테두리는 가죽을 대어 만들었어. 나무껍질의 갈색 바탕에 흰색으로 하늘을 나는 천마의 모습을 그렸고 천마의 주위에는 여러 가지 색으로 덩굴을 그렸어. 말의 다리와 갈기, 꼬리 등을 바람에 휘날리듯 표현하여 신비감을 더하며 신라의 힘찬 화풍을 보여준다는 평가를 받고 있지.

초적

농민 반란군을 이르는 말

초야(草野)의 적이라는 뜻으로 지배층의 수탈에 항거하여 궐기한 농민, 천민 등 반란군을 말하지. 우리 나라에서 초적이 크게 활동한 시기는 신라 시대 말기와 고려 시대야.

신라 하대에 이르러 중앙 정부의 통치력이 약화된 틈을 이용하여 대토지 소유자들이 조세를 부담하지 않자 농민들은 더 많은 조세를 감당해야 했어. 이 때문에 토지를 잃고 떠도는 농민들이 많아졌고 그 가운데 일부는 초적으로 변하여 중앙 정부에 항거했어. 죽주(竹州 : 지금의 죽산)의 기훤(箕萱), 북원(北原 : 지금의 원주)의 양길(梁吉)이 대표적이야.

태화

신라 진덕여왕의 연호

647년 진덕여왕이 즉위하면서 사용한 연호야. 650년(진덕여왕 4년)에 중국과 밀접한 외교관계를 맺으면서 중국 연호를 사용하게 되어 폐지되었다고 해.

풍수지리설

지형이나 방위를 인간의 길흉화복과 연관지어 설명하는 이론

산세(山勢)·지세(地勢)·수세(水勢) 등이 인간의 길흉화복에 영향을 미친다고 보는 설이야. 도성이나 사찰, 주거, 분묘 등을 조성할 때 화를 물리치고 행복을 가져오는 땅의 모습을 판단하려는 이론이야. 이것을 연구하는 사람을 풍수가라고 부르지. 풍수지리설은 중국의 전국 시대 말기에 시작되어 후한 말에는 인간의 운명이나 화복에 관한 각종 예언설을 만들었고 초기 도교의 성립에 따라 체계화되었어.

신라 하대에는 도선이 풍수지리설을 주장하여 통일신라를 해체하는 데 사상적 배경이 되었어. 고려의 태조 왕건도 도선의 풍수지리설을 믿어 훈요십조에 '절을 세울 때는 반드시 산수의 순역을 점쳐서 지덕을 손박하지 말라' 는 유훈을 남겼지.

조선의 태조 이성계가 한양으로 도읍을 정한 것도 풍수지리

설에 근거한 것이라고 해. 즉 개경은 이미 땅의 기운이 다해 왕업이 길지 못할 것이라는 풍수가들의 의견에 따라 새로운 왕조의 면목을 일신하기 위해 한양으로 천도했지. 그 밖에도 조선 시대에 성행한 예언서 〈정감록〉에는 계룡산이 서울이 된다는 주장이 나와 있는데 이것 역시 풍수지리설을 근거로 한 거야.

호우명 그릇

경주 호우총에서 출토된 그릇

경주 호우총에서 출토된 것으로 고구려 19대 왕 광개토대왕의 공적을 기리기 위해 만든 그릇으로, 당시 고구려와 신라의 긴밀한 관계를 보여주는 유물이야. 이 그릇은 총 높이 19.4cm, 깊이 10cm, 몸통 지름 24cm인 뚜껑이 달린 합으로 밑바닥에 '을묘년국강상광개토지호태왕호우십(乙卯年國岡上廣開土地好太王壺杆十)' 이라는 글자가 새겨져 있어. 여기서 을묘년(乙卯年)은 광개토대왕이 죽은 후 3년째가 되는 415년(장수왕 3년)을 가리켜.

신라는 내물왕 때에 신라 해안에 나타난 왜의 세력을 물리치는 과정에서 고구려에 도움을 청했어. 이에 고구려 광개토대왕의 군대가 신라 영토에 머물며 신라에 침입한 왜구를 격퇴해 주었지. 그 후 신라는 고구려의 간섭을 받기도 했지만 고구려를 통해 간접적으로 중국의 문물을 받아들였다고 해.

호족

지방에 기반을 가지고 있는 토착 세력

중앙의 귀족과 대비되는 지방의 토착 세력을 말해. 중국에서는 한나라 때와 위진남북조 시대에 널리 쓰였고, 한국사에서는 보통 신라 말에서 고려 초에 활동한 지방 세력을 가리키지. 호족이라는 명칭 이외에도 장군·성주·성수·수·적수·적·웅호·호걸·호족 등 다양한 이름으로 불렸어. 이들은 지방에 기반을 가지고 있어서 일정한 지역에서 백성을 직접 지배하며 독자적인 군사력을 보유하고 있었지. 이들은 또 신라의 골품제도를 부정하는 경향이 강했어.

화백

신라의 귀족회의 제도

신라 때 나라의 중대사를 의논하던 귀족회의 제도야. 진골 귀족 출신의 대등으로 구성되었는데 왕위 계승이나 국왕의 폐위, 대외적인 선전포고, 그 밖에 불교의 수용과 같은 국가의 중대한 일들을 결정했다고 해. 화백은 또 귀족의 단결을 굳게 하고 귀족세력과 왕권 사이에서 권력을 조절하는 기능을 담당하기도 했지.

이 회의의 수장인 상대등에는 진골의 두 번째 관등인 이찬이 임명되었어. 상대등은 귀족회의를 주재하고 의결 사항을 왕에게 아뢰어 재가를 얻어 실행하게 하는 일을 했지. 화백회의의 의결 방법은 만장일치제였어. 이러한 화백의 원칙은 귀족뿐 아니라 신라 전 사회에 널리 행하였고, 각계각층에서 독재력의 발생을 막아 신라 국가의 완전성을 높이는 요인이 되기도 했지.

통일 이후에도 화백과 상대등은 여전히 존속하였지만 통일 이후 신라 중대의 전제왕권 시대에는 정치의 실권이 화백에서 집사부로 옮겨졌기 때문에 그 기능이 약화되었다가 신라 하대에 다시 상대등을 축으로 하여 치열한 왕위쟁탈전이 벌어지기도 했단다.

화엄종

화엄경을 토대로 성립된 불교의 한 종파

중국 당나라 때에 화엄경을 기본 경전으로 하여 성립된 불교의 한 종파야. 중국의 수당 시대에 성립된 여러 종교 중에서 가장 깊은 철학적 교리를 담고 있는 종파가 화엄종과 천태종이라고 해. 우리나라에서는 신라의 승려 의상이 661년(문무왕 1년) 당나라에 가서 공부하고 돌아온 671년 이후에 시작되었어. 당시 신라는 통일 후 고구려, 백제, 가야의 유민을 신라의 백성으로 포용하고 전쟁의 후유증을 치유하여 신라를 불국토가 되게 할 꿈을 꾸고 있었어. 원효와 의상은 신라에 필요한 새로운 불교 이념을 구하기 위해 당나라로 유학을 떠난 거야. 그런데 원효는 도중에 동굴에서 해골물을 마시고 모든 것은 마음에 있다는 일체유심조의 진리를 깨달은 후 유학을 포기하고 국내에 남아 법성종을 열었고, 의상은 당나라로 건너가 전체와 개체는 하나라는 '다즉일 일즉다'의 원리를 배우고 귀국하여 화엄종을 열게 되었지.

원효의 사상이 개인의 역할을 중시한다면 의상의 불교 사상은 국가의 통합을 우선으로 두지. 결국 통일 이후에도 삶이 별로 나아지지 않았다고 느낀 민중은 원효의 개인적 구원을 받아들였고, 국가통합과 왕권강화를 추구하는 신라 정부는 의상의 화엄종을 택했어.

이후 원효의 사상은 신라 말 사회개혁 이념으로 등장한 선종, 고려 시대 지눌의 정혜쌍수(조계종)로 이어졌고, 의상의 사상은 광종 때 균여의 화엄종, 문종 때 의천의 천태종으로 이어져 우리나라 불교사상의 양대 산맥을 이룬 거야.

화랑세기
김대문이 쓴 화랑에 관한 역사서

신라의 문장가 김대문이 7세기 말에 편찬한 화랑에 관한 역사서인데 원본은 발견되지 않고 있어. 〈삼국사기〉에 이 책의 일부분이 인용되어 있어서 이 책의 존재만 알고 있다가, 필사본이 1989년과 1995년에 발견되어 신라 연구에 획기적인 사건이 되었지.

하지만 이 책의 진위여부가 역사학자들 사이에서 논란이 되고 있어. 이 필사본은 1930~40년대 일본 왕실도서관에서 일하던 박창화(1899~1962)라는 인물이 베껴 적은 것으로 540~681년 화랑의 우두머리였던 풍월주 32명에 대한 전기를 담고 있지. 그런데 책의 주요 내용이 화랑의 남녀관계, 근친혼, 처첩관계 등에 관한 것이어서 진짜 〈화랑세기〉를 베낀 것인지, 박창화가 지어낸 이야기인지 알 수 없다고 해서 논란이 되고 있어.

대부분의 고대사학자들은 '책 내용에 나오는 문란한 성으로 가족과 국가가 유지될 수 없고, 삼국사기에 나타난 화랑의 모습과 큰 차이가 나며, 수록된 향가 역시 가짜' 라는 이유로 위작이라고 보고 있어. 반면 일부 사학자들과 국문학자들은 '선입견과 유교적 시각에서 신라의 성문화를 바라볼 것이 아니라 신라인의 시각으로 바라보아야 한다' 면서 '화랑을 순

국무사로 보는 도식에서 벗어나야 하고, 2차 사료인 〈삼국사기〉와 차이
가 난다고 해서 위작이라고 보아선 안 되며, 수록 향가 역시 진짜로 확인
됐다' 고 주장하고 있어.

화왕계
설총이 지은 우화

  신라 신문왕 때 문신 설총이 지은 우화로, 꽃을 의인화하여
제왕이 지녀야 할 바른 도리를 제시하고 있어. 〈삼국사기〉에 의하
면 신문왕이 설총에게 울적한 마음을 풀고 싶다면서 이야기를 청하자 설
총이 이 이야기를 들려주었다고 해.

  온갖 꽃이 피어 있는 꽃나라의 화왕(花王)은 처음에는 꽃 중에서 가장
아름다운 장미를 사랑했어. 하지만 할미꽃이 나타나 "임금님께서는 좌우
에서 온갖 물건을 넉넉히 공급하여 비록 기름진 쌀과 고기로 창자를 채우
고, 아름다운 차와 술로 정신을 맑게 하오나, 상자 속에 깊이 간직한 양약
으로 원기를 돋우어야 하고, 영사(靈砂)로 독을 제거해야 한다"고 충언을
했대. 그 말에 감동한 화왕은 요망한 무리를 멀리하고 정직한 도리를 받
들게 되었어. 이 이야기를 다 듣고 난 신문왕은 "그대의 이야기가 참으로
깊은 뜻이 있으니 글로 써두어 임금을 경계하는 말로 하라"라고 했다고
해. 이렇게 설총은 할미꽃을 빗대어 바른 도리로 정치를 해야 한다고 왕
에게 간언했던 거야. 〈화왕계〉는 꽃을 의인화하여 인간 세계에 빗
댄 작품으로 문학적 표현 방식에 새로운 영역을 개척함으로써
의인문학의 새로운 영역을 개척한 첫 번째 작품이라는 평가를 받
고 있어.

화쟁 사상

모든 논쟁을 화합으로 바꾸려는 원효의 중심 사상

신라의 고승 원효 사상의 근본을 이루는 화해와 회통의 논리체계를 이르는 말로, 엄밀히 말하면 원효로부터 시작되어 한국 불교의 전통으로 이어져 내려온 사상이야. 모순과 대립을 하나의 체계 속에서 다루어 논쟁을 화로 바꾼다는 뜻에서 '화쟁'이라고 이름한 거야. 원효가 남긴 저술 〈대승기신론소〉를 보면 '바람 때문에 바다에 파도가 일어나지만 파도와 바다는 둘이 아니다. 우리의 일심(一心)도 깨달음의 경지인 진여(眞如)와 무명(無明)이 동시에 있을 수 있으나 이 역시 둘이 아니라 하나이다.'라고 하여 화쟁사상의 원리가 잘 나타나 있어.

화쟁의 방법은 개합(開合)·여탈(與奪)·입파(立破)의 논리를 이용하지. 개합은 나열했다가 합하는 것을, 여탈은 주었다 빼앗는 것을, 입파는 세웠다 무너뜨리는 것을 말해. 즉 어느 한쪽으로 치우치지 않고 객관적 논리에 근거하여 종합과 회통을 추구하는 것이 화쟁의 주된 특성이라고 할 수 있어. 이 사상은 이후 중국과 일본 불교에 큰 영향을 끼쳤고, 한국 불교의 뚜렷한 특징을 이루게 되었지.

기타

6두품

신라 골품제도의 한 등급

신라의 신분제인 골품제의 한 등급을 말해. **골품제는 성골·진골의**

골족(骨族)과 6~1두품의 두품층(頭品層)으로 구성되었는데, 6
두품은 두품층 가운데 가장 높은 등급이야. 6두품은 17관등 중 제6
관등인 아찬까지는 올라갈 수 있었으나, 제5관등인 대아찬 이상의 직위
에는 오를 수 없었어. 따라서 나라에서는 6두품의 불만을 무마하기 위해
제6관등인 아찬 위에 중아찬에서 사중아찬까지의 중위제를 두어 보완하
기도 했어.

　6두품이 차지할 수 있던 관등인 아찬에서 급찬까지는 비색의 관복을
입었어. 의복·그릇·수레·가옥 등의 모든 면에서도 진골보다 더 많은 제
약을 받았지. 하지만 이들은 학문과 종교부문에서 뛰어나 설총·강수와
같은 학자들과 원광·원효·낭혜화상과 같은 고승들을 배출했어. 그러나
신라 하대 진골귀족 간의 왕위쟁탈전이 치열해지고 중앙과 지방의 정치
적 혼란이 극심해지자, 그 활동 기반도 상대적으로 위축되었어. 이에 이
들은 신라 골품제의 모순점을 비판하고 반(反)신라적 입장을 취하거나,
세속을 피해 은둔하는 경우가 많았어. 신라가 망하고 고려가 건국되면서
고려 정부에 진출하여 문벌귀족으로 성장하는 경우도 많았어.

9서당 10정

통일신라 시대의 군사 제도

　9서당은 687년(신문왕 7년)에 완성된 중앙 군사 제도로 신라인을 비롯
하여 고구려인·백제인·말갈인 중에서 용감한 자를 뽑아 조직했어. 옷깃
의 색에 따라 부대 명칭을 구별했어. 10정은 지방군 제도로 685년(신문왕
5년)에 9주 5소경의 지방 제도를 정비하며 설치된 거야. 각 주에 1정씩 두
었고, 북방 국경 지대인 한주는 구역이 넓고 국경 지대여서 2정을 두었지.

9주 5소경

통일신라 시대의 지방 행정 제도

신라는 삼국 통일 후 넓어진 영토를 효율적으로 통치하기 위해 지방 통치 조직을 새롭게 정비하여 9주 5소경을 두었어. 먼저 전국을 9주로 나누고 주 밑에 군과 현을 두었으며 지방관을 파견하였어. 또한 주요 지방에는 특별 행정 구역으로 5소경을 두어 일부 중앙 귀족이나 옛 고구려·백제의 귀족을 옮겨 살게 하였지. 5소경을 둔 것은 신라의 수도 금성이 남동쪽에 치우쳐 있는 것을 보완하고, 지방 세력의 성장을 감시하기 위한 것이었어.

17관등

신라의 관등 제도

신라의 중앙 관등을 말해. 신라의 관등 제도는 6세기 초 법흥왕 때에 완성되어 신라 멸망 때까지 시행되었어. 중앙 관등을 17등급으로 나누었는데, 골품제의 원리에 의해 운영되었기 때문에 관직에 오를 수 있는 상한선이 엄격하게 구분되어 있었어. 즉, 진골 신분은 1등급 이벌찬에서 5등급 대아찬까지 오를 수 있었고, 6두품은 17등급에서 6등급 아찬까지, 5두품은 17등급에서 10등급인 대나마까지, 4두품은 17등급에서 12등급 대사까지 오를 수 있었지. 신라의 관등은 골품제에 기초한 것이었기 때문에 출신 신분에 따라서 관직의 출세는 물론 결혼, 의복(자색, 비색, 청색, 황색,), 음식, 주택 등의 생활 전반에 걸쳐 제약과 특권이 가해진 제도였어.

발해

중 학 생 을 위 한 역 사 개 념 교 과 서

8

ㄱ

☀

거란도

발해의 도읍지인 상경에서 거란으로 이어지는 대외 교통로

발해의 도읍지인 상경에서 거란으로 이어지는 대외 교통로를 말해. 발해의 중요 교통로는 거란도를 포함하여 다섯 군데가 있었어. 발해의 전성기에는 거란도를 통해 사람과 물자가 상경 용천부로 모였지. 그래서 거란도는 발해의 행정과 군사, 경제 활동에 기여했어.

거란도의 경로는 상경에서 숭령을 지나 부여부에 이르고, 여기에서 다시 몇 개의 지역을 거쳐 거란의 도성인 임황에 이르는데, 구체적인 위치에 대해서는 견해가 엇갈리고 있어.

건흥

발해의 제10대 왕인 선왕의 연호

818년, 간왕이 죽고 새로 즉위한 선왕이 간왕 때 사용하던 '주작' 이라는 연호 대신 '건흥' 을 새 연호로 사용하였지. 830년, 선왕이 죽은 뒤에 새로 즉위한 이진왕은 또 '건흥' 이라는 연호 대신 '함화' 라는 새 연호로 사용했어.

담비길

발해가 중앙 아시아의 여러 국가들과 담비 가죽을 거래하기 위해 만든 길

발해는 거란도와 조공도, 영주도, 신라도, 일본도 등 발해 5도 외에도 담비길이 있었어. 이 길은 발해가 중앙 아시아의 여러 국가들과 담비 가죽을 거래하기 위해 만든 길이야. 담비 가죽은 당시 인삼, 녹용과 함께 만주 지역의 세 가지 보배로 손꼽힐 정도였다고 해.

대내상

발해의 최고 행정기관이라 할 수 있는 정당성을 관장하는 관직

발해의 최고 행정기관인 정당성을 관장하는 관직으로 지금의 장관급과 같은 관직이야. 발해는 중국 당나라의 3성 제도를 본뜬 3성인 선조성, 중대성, 정당성이 있었어. 정당성은 이 가운데 최고의 행정기관이었는데

대내상은 정당성의 책임자였어. 대내상 아래에는 각각 좌사정과 우사정을 1명씩 두었는데, 좌사정 아래에는 육부(충부·인부·의부·지부·예부·신부)를 두어서 행정 실무를 담당하게 했지.

대흥
발해의 제3대인 문왕 때 사용한 연호

문왕이 즉위한 737년부터 사망한 793년까지 사용하였지. 794년에는 성왕에 의해 '중흥'이라는 명칭으로 개원되었어. 그런가 하면 지린성에 있는 육정산고분의 정혜공주 묘지에 의하면 문왕 때는 잠시 '보력'이라는 연호를 사용한 것으로도 알려져 있지. 이렇듯 문왕 때의 연호 사용에 대해서는 논란의 여지가 남아있어.

돌사자상
정혜공주의 묘에서 출토된 발해 유물

발해의 돌사자상은 정혜공주의 묘에서 출토된 발해 유물이야. 표면적으로는 당나라의 돌사자와 비슷한 모습을 하고 있는데, 이는 발해의 왕실 문화가 당나라 문화의 영향을 받았다는 것을 알 수 있게 해주지.

그런가 하면 내용과 문화적인 면에서는 당당하면서도 힘있는 자세를 드러내고 있어서 고구려 미술의 패기와 열정을 계승한 것이라 할 수 있어.

문적원
발해에서 책과 문서를 관리하던 관청

발해의 책과 문서를 관리하던 관청으로 비문이나 묘지, 제문, 외교문서 작성 업무를 담당했어. 문적원의 관리로는 학식이 있고 문장이 뛰어난 인물이 임명되었지. 그래서 이 관청 소속의 관리가 외국에 사신으로 파견되곤 했어. 819년의 이승영이나 882년의 배정이 일본에 파견된 사신의 대표였지.

빈공과
중국에서 외국인을 대상으로 실시했던 과거 시험

중국에서 외국인을 대상으로 실시했던 과거 시험으로 당나라에서 처음 빈공과라는 이름으로 개설했는데 원나라에서는 제과라는 이름으로 바뀌었어. 그러다가 명나라 대에 가서는 폐지가 되었지.

당시 빈공과의 합격생은 대부분 통일 신라의 유학생이었어. 신라 말에 당나라의 유학생이 늘어나면서 빈공과에 합격하는 사람이 많아졌지. 신라의 6두품 출신으로 최치원과 최승우, 최언위 등이 빈공과에 합격한 대표적인 인물이야. 하지만 발해가 발전하고 당나라와의 교류가 늘어나면서 빈공과에 합격하는 발해의 유학생들이 많아졌다고 해. 당시 발해에서도 당나라에서 실시한 빈공과에 대한 관심이 대단했어. 그래서 신라와 발해의 유학생들 사이에서는 빈공과의 장원 급제를 두고 서로 경쟁을 하기도 했지. 심지어 해동성국이라 불리며 나날이 발전해가던 발해의 사신들은 신라의 사신들보다 더 윗자리에 앉게 해달라는 요청을 하기도 했대.

발해 5도

발해가 넓어진 영토를 효과적으로 다스리기 위해 만든 5개의 길

발해가 영토를 확장하면서 넓어진 영토를 효과적으로 다스리기 위해 만든 길로 발해의 수도 상경 용천부에서 거란과 당, 신라, 일본으로 가는 5개의 도로를 말해. 거란으로 향하는 거란도와 당나라와 통교하던 조공도, 영주도, 신라도, 일본도가 있지.

상경 용천부터

중국 흑룡강성 영안시 동경성 일대의 유적

상경은 발해의 제3대 문왕이 755년에 옮겨 온 수도로 785년부터 794년까지, 잠깐 동경 용원부가 수도였던 시기를 제외하고는 나라가 망할 때까지 계속 발해의 수도였던 곳이야. 발해는 약 170여 년 간 동방의 큰 도시로 번성했지. 발해의 상경은 오랜 세월을 거치며 많은 변천을 가져왔어. 하지만 이곳에서 근래 수십년 동안 옛 대발해국의 수도였다는 것을 증명해 주는 다수의 유적과 유물들이 발굴되었지.

석등

고구려 미술을 계승하고 있는 발해 유물

중국 흑룡강성의 영안현 동경성에 남아 있는 유물로 현무암으로 만들어진 높이 약 6.3m의 거대한 석등이야. 옛 발해의 수도였던 상경 제1절터에서 나왔지. 이 석등은 일반적인 석등의 모습을 제대로 갖추고 있는데, 특히 석등에 장식된 연꽃 무늬는 강하고 힘찬 느낌을 담고 있어. 이를 통해 고구려 미술을 계승하고 있다는 것을 알 수 있지.

선조성

발해의 관제인 3성 가운데 하나

발해의 정치 제도는 중국 당나라의 영향을 받기도 했지만 명칭이나 운영의 실제는 달랐어. 발해의 선조성은 당나라의 문하성에 해당되는 관청으로 볼 수 있지. 따라서 발해의 선조성은 신하의 의견을 왕에게 보고하거나 조서를 심의하는 일을 담당했을 거라고 봐.

신라도

발해에서 신라로 가던 대외 교통로

발해 5도 가운데 하나로 발해에서 신라 천정군에 이르는 교통로인데, 발해의 남해부에서 함흥을 지나 신라의 천정군에 이르는 길이지. 신라도는 오늘날의 동해안을 따라 발해가 신라와 교류하였다는 것을 보여주는 길이야.

신라도는 대략 8세기 전반에 개설되었을 것으로 보고 있지만, 양국이 이 교통로를 이용하여 본격적인 교류를 한 것은 8세기 후반에서 9세기 전반으로 볼 수 있어. 특히 9세기 전반이 되면서 발해와 신라, 양국은 이 교통로를 이용하여 자주 내왕했을 것으로 봐. 그런가 하면 신라도는 777년에 발해의 사신이 토호포에서 출발하여 일본으로 향했다는 기록이 있는데 이는 신라도가 발해에서 일본으로 가는 경로로도 사용되었다는 것을 알 수 있게 해주지.

영주도

대조영이 영주에서 당나라 군대의 추격을 피해 동모산으로 이동하면서 이용했던 길

발해 5도 가운데 하나로 대조영이 발해의 건국 초기에 자주 이용했는데 나중에는 돌궐이나 거란과 교류할 때도 이용했다고 해. 영주도의 경로는 발해의 수도 상경 용천부에서 구국을 거쳐 장령부, 요양 순으로 이어진 길이지.

온돌

구들장을 데워 방을 따뜻하게 하는 우리 민족 고유의 난방 방식

온돌은 아궁이에 불을 지핀 후 구들장을 데워 방을 따뜻하게 하는 우리 민족 고유의 난방 방식이야. 온돌이 우리나라에서 발달한 이유는 우리

나라가 전통적으로 좌식 문화가 발달해 있었기 때문이지.

　발해의 온돌 양식은 고구려의 전통을 계승하였음을 보여주는 대표적인 유물 가운데 하나야. 온돌 양식은 한반도 인근 지역에 거주했던 한족이나 거란족, 여진족의 유적에서는 찾아볼 수 없는 우리 민족 고유의 주거 양식이지. 이는 발해가 고구려를 계승한 우리 민족의 역사임을 보여주는 자료야. 고구려나 발해가 중국사의 일부라는 중국 측 동북공정 논리의 허구를 입증하는 자료라고 할 수 있지.

우사정

발해의 최고 행정 기관이라고 할 수 있는 정당성 아래에 있던 벼슬

　정당성 아래에 있던 벼슬로 정당성의 차관직이라고 볼 수 있어. 정당성은 당나라의 상서성과 같은 기관으로 발해의 모든 행정 집행을 총괄하는 기관이었지. 정당성의 장관인 대내상이 1명 있었고, 그 아래에 우사정과 좌사정을 각각 한 사람씩 두었어.

육정산 고분군

중국 지린성 육정산 일대에 있는 발해의 무덤떼

　무덤의 규모나 껴묻거리 등으로 봤을 때, 발해 초기의 왕실 귀족묘지일 것으로 추측해. 발해 제2대 무왕인 대무예의 무덤으로 추정되는 진릉을 비롯해 발해 제3대 문왕인 대흠무의 둘째 딸 정혜공주의 묘가 이곳에 있어. 정혜공주묘에서는 묘비와 돌사자 2기가 출토되었는데 이는 발해의 역사를 밝히는 데 중요한 자료가 되고 있지. 이곳에서 발굴된 묘비문을

통해 많은 것을 알 수 있어. 발해 문왕의 존호는 물론이고 발해 왕실의 불교신앙, 그리고 정혜공주의 행장, 육정산 고분군의 성격, 발해 초기 한문학의 수준과 장례방식 등에 대해서도 상세히 알 수 있게 해주지. 육정산 고분군은 발해 초기의 묘제와 장례관습을 이해하는 데 중요한 유적이야.

일본도

발해 5도 가운데 하나로 발해에서 일본으로 가는 교통로

육로는 발해의 수도인 상경 용천부에서부터 동경 용원부까지 이르는 길이야. 그리고 해로는 동경 용원부의 염주에서부터 동해를 지나 일본의 쓰루가 등 중·북부지역에 이르는 항로를 말하지. 바닷길은 길이가 거의 900km에 달해서 중도에 풍랑을 만나 죽는 사람도 많았다고 해. 발해가 일본과 교류를 시작한 것은 727년, 무왕 때였던 것으로 볼 수 있어. 처음에는 신라를 견제하려는 목적으로 교류가 이루어졌는데, 나중에는 경제적인 목적이 더 커졌다고 해.

와당

발해 사람들의 불교 문화를 짐작해 볼 수 있는 유물

발해의 불교 문화를 알 수 있게 해주는 유물로 기와의 마구리야. 마구리는 길쭉한 토막이나 상자, 구덩이 등의 양쪽 머리 면을 말하는데 기와의 한쪽 끝에 둥글게 모양을 낸 부분이야.

정안국
발해 유민이 세운 국가

발해 유민들이 압록강 유역을 중심으로 세운 국가야. 926년 발해가 거란의 급습을 받고 멸망한 뒤, 유민들은 각 지역에서 조직적인 항거를 시작했어. 정안국은 986년 멸망하여 발해 유민의 부흥운동은 막을 내렸지.

정당성
당나라의 상서성을 본따 만든 발해 최고의 행정 기관

중대성·선조성과 함께 발해의 3성 가운데 하나로 선조성과 중대성을 거느리는 최고의 기구였지. 정당성에서 귀족들은 회의를 통해 국가의 중요한 일을 결정했어. 대내상이 정당성의 장관을 맡아 왕의 명에 따라 정치를 집행하였고, 대내상 아래에는 좌사정과 우사정을 각각 한 명씩 두었어. 그리고 좌사정과 우사정 아래에는 ‘충·인·의·지·예·신’이라는 6부를 두어 정무를 관장하도록 했지.

정혜공주묘
중국의 길림성 돈화현에서 발굴된 발해 공주의 묘

정혜공주는 발해의 제3대 문왕의 둘째 딸로 이 무덤은 발굴 당시 묘비와 높이 62㎝의 돌사자 2기도 함께 출토되었어. 이를 통해 당시 발해인들이 지녔던 석각 예술의 수준이 상당한 경지에 이르렀다는 것을 알 수 있어.

정혜공주의 묘는 사료가 매우 부족한 발해사를 연구하는데 큰 도움을 주는 유물이야. 묘지를 통해 밝혀진 내용이 많아서 역사적 의미가 실로 크다고 할 수 있지. 그리고 비문의 문장을 통해 그들의 한자 문학의 수준도 알 수 있어. 여기에 사용된 문장은 당나라의 비문에서 사용하던 4·6 변려체로 되어 있는데 운이 잘 맞고 사조가 매우 화려해. 이는 당시 발해 귀족층의 높은 한문학 수준을 짐작하게 하지.

정효공주묘
중국의 길림성 돈화현에서 발굴된 발해 공주의 묘

발해 제3대 문왕의 넷째 딸인 정효공주의 묘야. 정효공주는 정혜공주의 동생이기도 하지. 4개의 벽으로 둘러싸인 정효공주묘의 벽화 묘실에는 각각 병사들과 하인, 악사, 하녀들이 형형색색의 옷을 입은 모습이 그려져 있어. 공주와 신하들의 묘비에는 정효공주에 대한 설명이 나와 있어.

정혜공주묘가 굴식 돌방 무덤 형식인 전통적인 고구려 방식의 무덤인 것과 비교해 정효공주묘는 백제의 무녕왕릉과 같은 벽돌로 쌓은 무덤이야. 중국의 영향을 받은 묘라고 할 수 있어.

비문에는 4·6 변려체의 문장을 구사하면서 중국의 유교 경전과 역사서들을 다양하게 인용하고 있지. 발해의 국왕과 공주의 덕을 칭송하는 구절에서도 유교적인 수사를 사용하고 있어. 이는 문왕 이후부터 발해 사회에 유학이 널리 보급되었다는 것을 알 수 있게 해. 특히 정효(貞孝)라는 공주의 이름을 비롯해 발해의 왕 이름, 그리고 귀족들의 이름에서도 유교의 덕목인 충(忠)·인(仁)·의(義)·신(信)·효(孝) 등이 포함되어 있는데 이 또한 발해 사회에 유교의 확산을 짐작할 수 있게 해주지.

조공도
발해의 수도 상경에서 당나라로 이어지는 교통로

발해 5도 가운데 하나인 조공도는 발해가 당나라와 외교 관계를 맺고 사신을 보낼 때 주로 이용했다고 해. 사신과 함께 무역을 하는 장사꾼을 보냈는데 이때 담비 가죽이나 말, 매 같은 특산물을 수출했고, 당나라에서는 지배층에서 쓰는 비단이나 금은으로 만든 그릇들을 수입해서 가져왔지. 그 무렵 발해와 당나라의 교류가 잦아지다보니, 산둥 반도의 덩저우에는 발해의 사신들이 묵을 수 있는 발해관까지 생겼다고 해.

좌사정
정당성의 차관 벼슬

발해의 최고 행정 기관이라 할 수 있는 정당성의 차관 벼슬이야. 우사정과 함께 정2품에 해당되는 관직이지.

주작대로
발해의 수도 상경 용천부의 중앙부에 있는 도로

발해는 수도 상경성에 외성과 내성, 2중으로 성곽을 두르고, 내성의 남문에서부터 외성의 남문에 이르는 너비 70미터의 큰 길을 냈는데, 그 길을 주작대로라고 하지. 발해의 수도는 관청의 배치 등이 당나라의 장안성을 본따서 만들었다고 해.

발해는 주작대로를 만들고 주작대로의 좌우로 여러 갈래의 길을 내서

도시를 정비했지. 이런 구조는 조선 시대에 경복궁을 중심으로 수도를 정비한 것과 비슷하다고 할 수 있어.

주작은 남방의 수호신이자 봉황과 같은 종류의 새로 상서로운 믿음이 깃든 새라고 해. 이런 의미가 담긴 주작대로를 수도 중앙부의 도로로 구획한 발해의 상경 역시 중세에 동양에서 유행하던 음양오행 사상에 기초한 도시였다는 것을 알 수 있지.

중대성

정당성, 선조성과 함께 발해의 3성 가운데 하나인 발해의 중앙 관서

당나라의 3성 제도를 본따 설치한 발해의 중앙 관서로, 국가의 정책 수립을 비롯한 입법적인 사무를 주로 맡아보았지. 장관으로는 우상이 1명이 있었고, 그 아래에 우평장사와 내사, 그리고 조고과 사인 등이 있었어.

치미

지붕의 끝을 장식하는 장식 기와의 하나

발해의 치미는 지붕의 끝을 장식하는 장식 기와의 하나로 발해의 수도였던 상경의 동경성 안에 있는 제1절터에서 출토된 유물이지. 양쪽 나래에 여러 개의 줄무늬와 꽃 장식이 있는데, 이런 장식들은 치미의 전반을 힘있고 세련되게 형성하고 있지.

해동성국

'바다 동쪽의 융성한 나라' 라는 의미로 발해가 가장 융성했던 9세기 전반의
시기를 말함.

당나라에서 발해가 가장 융성했던 9세기 전반의 시기를 일
컬어 '해동성국' 이라 했어. 9세기 초 선왕 때에 발해는 크게 번성하였
는데, 이 무렵 발해는 당나라에 유학생을 보내 당나라의 제도와 문화를
받아들였다고 해. 그리고 말갈의 여러 부족을 복속시켰을 뿐만 아니라 고
구려의 옛땅 대부분을 되찾고 연해주까지 영역을 확장했지. 이렇게 널리
세력을 떨치던 발해는 9세기 후반부터 국력이 점차 약해져서 결국 926
년, 거란족에 의해 멸망하고 말았지.

3성 6부

당나라의 제도를 받아들여 만든 발해의 중앙 정치 제도

발해의 중앙 정치 제도인 3성 6부는 당나라의 제도를 모방했지만
그 명칭과 운영 방식은 발해의 독자성을 유지하고 있지. 발해의
3성은 당나라의 상서성에 해당하는 정당성과 당나라의 문하성에 해당하
는 선조성, 당나라의 중서성에 해당하는 중대성으로 구성되어 있어. 정당
성의 장관은 대내상으로 그 아래의 6부는 각각 좌사정과 우사정이 나누
어 관할하였지.

당나라는 상서성에서 6부를 모두 관할했지만 발해는 좌사정과 우사정이 6부를 나누어 관할했어. 이 부분은 발해의 독자적인 형태라 할 수 있지. 그리고 발해의 6부는 당나라가 '이부, 호부, 예부, 형부, 병부, 공부'라는 관료적 성격의 명칭을 사용했던 것과 달리 '충부, 인부, 의부, 지부, 예부, 신부'라는 유교의 덕목을 사용했어.

발해의 3성 6부 관제는 제3대 문왕(737~793년) 때에 정착된 것으로 보는데, 3성의 대표인 정당성은 귀족회의체로, 당시 신라의 화백회의와 비슷한 성격을 갖고 있었지. 그런가 하면 고려는 당나라의 3성 6부를 수용하면서도 점차 중서성과 문하성을 통합한 중서문하성을 두었어.

4·6 변려체
중국 위·진·남북조 시대에 크게 유행했던 한문 문체의 한 형식

4자와 6자의 구절이 번갈아 나타나며 대구를 이루는 한문 문체의 한 형식을 말해. 음조의 아름다움을 살려서 쓰는 화려한 문체로 귀족 문화를 반영하고 있지. 정효공주의 묘비에서도 엿볼 수 있는 문장 형식으로 정효공주의 묘비에 쓰인 4·6 변려체를 통해 발해 한문학의 높은 수준을 짐작할 수 있어.

5경 15부 62주
발해의 지방 행정구역

발해는 광대한 영토를 5경 15부 62주로 나누어 지방관을 파

견하여 다스렸어. 발해의 수도 상경을 중심으로 5도의 교통망으로 연결되어 있었지. 특히 5경은 전략적인 군사 요충지이자 지방을 다스리는 거점 지역으로 정치와 경제 문화의 중심지 역할을 했어. 15부는 지방 행정의 중심지로 그 아래에 주와 현을 두고 지방관을 파견했어. 그리고 말단의 촌락은 토착 세력가들이 다스렸는데, 대부분의 주민이 말갈인이었고 말갈인의 추장인 수령이 다스렸어. 토착 세력가들에게 촌락을 다스리도록 한 이유는 지배층인 고구려인과 피지배층인 말갈인 사이의 조화를 이루기 위한 목적이 컸다고 해.

고려

ㄱ .... ☼

강동 6주

고려 장군 서희가 거란의 소손녕과 외교 담판을 벌여 차지한 지역

993년 거란이 고려를 처음으로 침략했을 때 고려 문신 서희가 거란 장군인 소손녕과 담판을 벌여 개척한 지역으로, 994년(성종 13년)에 압록강 하류에 설치한 6개의 주(흥화진, 용주, 통주, 철주, 귀주, 곽주)를 말해. 서희는 국제 정세를 파악하는 능력이 뛰어난 외교관이었어. 거란의 침략 목적이 고려의 땅을 빼앗기보다는 고려와 송과의 관계를 단절시키는 데 있다는 것을 간파한 서희는 송과의 외교관계를 끊고 거란과 교류하는 대신, 거란과 고려 사이에 위치한 압록강 동쪽 지역을 돌려받기로 했어. 고려는 이 지역에 거주하고 있던 여진족을 몰아내고 성을 쌓아 고려의 영토를 넓혔어. 사실 군사, 교통의 요지인 이곳에 여진족이 살고 있어서 고려의 북진정책에 방해가 되었거든. 서희의 담판으로 고려는 강동 6주를 획득하고 압록강까지 영토를 확장시켰어.

강조의 정변

강조가 목종을 폐위시키고 현종을 왕위에 올린 정변

1009년(목종 12년)에 강조가 당시 왕인 목종을 시해하고 현종을 왕위에 올린 사건이야. 당시 목종은 어머니 천추태후의 섭정을 받고 있었는데, 목종의 건강이 좋지 않은 데다가 민심도 흉흉했어. 이에 목종이 궁궐 호위를 강조에게 부탁했는데, 오히려 강조는 목종을 폐위시키고 현종을 즉위시켰어. 그리고 난 후 권력의 실세로 왕실 부패를 없애고 새로운 개혁을 펼쳤지. 당시 거란은 강동 6주가 전략적 요충지임을 깨달아 이곳을 회복하기 위해 고려를 틈틈이 엿보고 있었는데, 강조의 정변을 트집 잡아 이듬해 고려를 두 번째로 침입했어. 거란이 40만 대군을 이끌고 고려를 침입하자 한때 고려 수도인 개경이 함락되기도 했으나, 양규가 이끄는 고려군의 활약으로 거란군은 고려와 타협하고 물러갔지. 강조는 거란에 포로로 잡혀갔다가 거란 왕의 회유를 받았지만 이를 단호히 거절하고 장렬하게 전사했어.

강화산성

고려가 몽골 침입에 대항하기 위하여 강화도에 쌓은 산성

고려가 몽골의 제2차 침입에 대항하기 위하여 강화도에 쌓은 산성으로, 1232년 공사를 시작했지만 공사가 마무리되기 전에 강화도로 수도를 옮기는 바람에 1234년부터 본격적으로 성을 쌓기 시작했어. 강화산성은 내성·중성·외성으로 이루어져 있는데, 내성은 현재의 강화성으로 둘레가 1,174m, 1250년에 쌓은 중성은 둘레가 5,381m, 1233년에 완성된 외성

은 강화 동쪽 해협을 따라 길이가 1만 1,232m였어. 이 성들은 모두 흙으로 지은 토성이었어. 그러나 1270년 고려 왕조가 개경으로 환도한 후 몽골의 요청으로 헐어버렸지. 오랜 시간에 걸친 복원 작업을 거쳐 현재는 사적 132호로 지정됐어.

건원중보
고려 시대 화폐

996년 성종 때 우리 나라에서 정식으로 만들어진 최초의 화폐야. 겉은 둥글고 가운데에는 네모난 구멍이 있어. '건원중보' 라는 이름은 하늘 아래에 으뜸가는 귀중한 보배라는 뜻인데 같은 이름의 화폐가 이미 중국 당나라 때 발행되었지. 고려는 이를 모방해서 앞면에는 '건원중보' 라 새기고 뒷면에는 '동국' 이라고 새겨 넣었지. 하지만 이 화폐는 널리 쓰이지 못했어. 농민들은 화폐 대용으로 사용해 온 옷감이나 곡식으로 거래를 했고 귀족들도 화폐에 거부감을 가지고 있어서 주점 등 일부 장소에서만 사용되었어.

경기체가
고려 시대 귀족 계급이 지어 부른 시가

고려 중기 이후에 귀족 계급에 의해 형성되어 조선 초기까지 지속되었던 정형시가의 한 양식으로 '경기하여가' 라고도 불러. 고려 시대 작품으로는 제유의 〈한림별곡〉, 안축의 〈관동별곡〉, 〈죽계별곡〉 등이 있으며, 조선 시대 작품으로는 권근의 〈상대별곡〉, 변계량의 〈화산별곡〉,

정극인의 〈불우헌곡〉 등이 있어. 노래 끝에 반드시 "景(경) 긔 엇더니잇고 또는 "경기하여(景幾何如)"라는 구를 붙이기 때문에 '경기체가' 라고 부르게 되었지. 고려 시대에는 경치 좋은 풍경이나 사물을 읊거나 귀족들의 향락적인 생활상을 노래했는데, 조선 시대에는 그 형식만 가져와서 조선 건국을 찬양하는 내용을 담기도 했어. 순전히 한문으로만 지어졌기 때문에 일반 서민 문화와 상당히 거리가 있지. 이런 면에서 〈청산별곡〉, 〈가시리〉 등의 고려 속요와 대조를 이뤄.

경보

고려 시대 불교 발전을 위해 세운 장학재단

고려 정종 때 불교 진흥을 위해 세운 장학재단으로 '불명경보' 라고도 했어. '보' 란 기금을 뜻하는 말로 일정한 사업을 유지·경영하기 위하여 기본 재산을 설립하고 이를 밑천으로 이익을 취하여 지속적으로 운영하는 재단을 말해. 경보는 광학보와 함께 946년에 불교를 배우려는 사람들을 위해 왕이 여러 큰 절에 쌀을 하사함으로써 발족되어 헌종 때는 불경간행기금인 반야경보가 설치되고 문종 때는 팔관보가 국가기구로 정착되면서 발전하였어.

경사 6학

고려 시대 국자감의 교육제도

고려 태조 때 경학을 세웠는데, 성종이 관제를 정비하면서 경학을 국자감이라 이름을 바꾸고 국자학·태학·사문학·율학·서학·산학의

6개 학과를 두었어. 이를 경사 6학이라고 하지.

국자학은 품관 이상의 관리 자손에게만 입학 자격을 주고 모든 유교 경전과 문학을 가르쳤어. 학생들은 이 외에 산수와 시무책을 함께 배웠지.

태학은 인종 때 설치했어. 대학이라고도 했고 정원은 300명으로, 문무관의 5품 이상의 자손들과 3품관 관리의 증손에 한하여 입학할 자격을 주었지. 교관을 두어 《역경》, 《시경》, 《서경》, 《효경》, 《논어》 등을 가르쳤어.

사문학은 7품 이상 관리의 자제와 서민 가운데에서 우수한 사람을 입학시킨 것이 특징이야. 교육 과정은 국자학·태학과 비슷했고 정원은 300명이었어. 율학은 관직에 종사할 전문인을 기르기 위해 설치된 학과야. 식목도감에서는 율학을 포함시켜서 학생들이 법률학을 배우게 했어. 이와 함께 서학은 국자감의 단과학과로, 비교적 신분이 낮은 사람이 입학하여 실무 기술을 배우던 곳이야. 마지막으로 산학은 8품 이상 관리의 자손 및 서인을 입학시켜 산술을 교육시키던 곳이야.

경시서
고려·조선 시대 시절을 관리·감독하는 관청

고려·조선 시대에 시전을 관할하거나 국역을 부과하는 일을 맡아보던 관청이야. 고려 919년(태조 2년) 개성에 시전을 설치하였고 문종 때는 경시서에 관원을 두기 시작했어. 조선 시대에는 고려의 제도를 계승하여 물가를 조정하거나 상인들을 감독하고, 국역을 부과하는 등의 업무를 맡았지. 이밖에 도량형기를 단속하고, 물가를 조정하는 등 시장의 행정사무도 담당하고 종이 화폐가 유통될 수 있도록 힘을 썼어. 시전은 경시서에서 가격에 대한 평가를 받고 인지세 납부를 증명하는 도장을 찍은 다음에야 상품을 판매할 수 있었지. 조선 후기에는 시전에서 독점하여 판매하는 품목을 선정하거나 허가해 주고 난전을 단속하는 것이 중요한 임무였어. 1466년 조선 세조 때 '평시서'로 이름을 바꾸었어.

경학박사

고려 시대 지방에 파견하는 교수직

고려 시대 지방 관리의 자제를 교육시킬 목적으로 의학박사와 함께 지방에 파견한 교수직이야. 성종은 각 지방에서 학생을 선발해 수도인 개경에서 교육을 시켰는데, 일정한 교육을 이수한 후에 다시 지방으로 돌아가기를 원하는 자들을 위해 987년 학문에 뛰어난 사람을 뽑아 경학박사로 임명해 12목에 파견했어. 경학박사는 지방 관리의 자제나 일반 백성 중에서 우수한 사람을 가르쳤어. 경학박사로서 제자들의 교육 성적이 좋은 사람에게는 후한 상을 주는 대신, 제자들의 성적이 좋지 못해 과거에 오르는 사람이 나오지 않으면 계속 유임시켜 성과를 올리도록 했지.

계백료서

고려 시대 신하들의 예법을 위해 쓴 예절서

936년 태조가 신하들의 예절을 바로잡기 위하여 쓴 예절에 관한 책이야. 전체 8권인데, 안타깝게도 현재는 책이 전해지지 않아. 후삼국을 통일한 왕건이 신하들에게 지켜야 할 예의와 도를 가르친 내용이라고 전해지고 있어.

고금록

고려 시대 박인량이 쓴 역사책

고려 문신인 박인량이 문종 때 쓴 역사서로 총 10권으로 구성되어 있어. 고구려 계승의식과 자주적 역사관에 입각해서 썼으며 편년체의 방식으로 기록되었다고 해. 편년체란 역사적 사실을 연대순으로 기록하는 기술 방법이야. 하지만 현재 전해지지 않아서 자세한 내용은 알 수 없어.

고려속요

고려 시대 평민들이 부르던 시가

주로 평민층 사이에서 널리 불려진 시가를 말해. 속요는 평민들 사이에서 구전되어 오다가 조선 시대 훈민정음이 창제된 후, 〈악학궤범〉, 〈악장가사〉, 〈시용향악보〉 등에 문자로 기록되어 전해지게 되었지. 경기체가와 달리 고려속요는 평민문학이기 때문에 작가가 알려져 있지 않아. 《한림별곡》, 《관동별곡》 등이 한문으로 쓰여진 대표적인 경기체가이고 《청산별곡》, 《서경별곡》, 《가시리》 등이 대표적인 고려속요야. 그런데 경기체가와 고려속요는 형태상 공통점이 있어. 고려 시대의 시가를 통틀어 '별곡' 이라고 칭하는 것이 적절하다는 견해도 있어.

속요의 내용은 매우 다양해. 연인 사이의 이별이나 진솔한 사랑 이야기, 자연에 대한 예찬 등 평민들의 마음이 솔직하고 소박하게 표현되어 있어. 이 중 남녀 간의 애정을 노래한 것에 대해 조선 시대 유학자들이 '남녀상열지사' 라 하여 문헌에서 아예 삭제해 버려서 많은 고려가요가 후대에 전승되지 못한 점이 아쉽지.

고려양

원나라에서 유행한 고려의 풍습

13세기 중엽 이후 원나라에서 유행한 고려의 풍습이야. 당시 고려의 문화 수준은 몽골족이 세운 원나라보다 문화 수준이 높았다고 전해져. 원나라는 건국 초기부터 고려에 자주 압력을 가하거나 침략하여 고려를 부마국으로 삼았어. (부마국 : '사위의 나라'라는 뜻으로, 고려가 원나라의 강요로 충렬왕 이후 원나라의 공주를 왕비로 맞아 그 사이에서 태어난 아들만이 왕위에 오를 수 있게 된 데서 유래하지.) 충렬왕 이후 고려의 왕들은 왕세자 때 원나라로 건너가 원나라 공주와 혼인했고, 두 나라 사이에 문물의 교류가 활발해졌지. 보통 원나라에 체류했던 고려 세자궁의 생활양식, 고려가 원의 침입을 받은 이후 바쳐진 공물과 공녀 등이 교류의 매개체가 되었어. 이런 과정에서 자연스럽게 고려의 복식(의복·신발·모자)이나 음식(만두·떡), 생활양식이 원나라에서 유행했어.

공음전

고려 시대 5품 이상의 관리와 공신에게 지급한 토지

5품 이상의 높은 관리나 국가에 큰 공을 세운 관리에게 지급한 토지로 1049년 문종 때 제도로 완성되어 실시되었어. 공음전의 가장 큰 특징은 자손에게 세습할 수 있다는 점이야. 만약 공음전을 받은 공신이 자식이 없으면 사위, 친조카, 양자, 의자(수양아들) 순으로 토지를 세습할 수 있었어. 고려 시대 토지제도는 전시과 체제라 토지를 받은 관리가 죽거나 관직에서 물러날 때는 토지를 국가에 반납해야 했지만, 공음전으로 받은 토지는 세습이 되기 때문에 음서제와 함께 고려 귀족들의 정치적, 경제적 특권을 유지하는 중요한 기반이 되었지.

공해전

고려·조선 시대 관청의 경비를 충당하기 위해 지급한 토지

고려, 조선 시대에 시행된 토지 제도로 국가기관인 관청이나 왕실, 궁원 등의 경비를 충당하기 위해 지급된 토지를 일컬어. 공해전의 종류에는 공수전, 지전, 장전, 내장전 등이 있어. 공수전은 지방 관리의 봉급과 기타 경비를 조달하기 위해, 지전은 지방관청의 소모품인 종이, 붓, 먹 등을 충당하기 위해, 장전은 관역장의 공적인 비용을 위해, 내장전은 왕실재정의 경비를 조달하기 위해 지급되었어.

과거제도

고려·조선 시대 시험을 통해서 관리를 선발하는 제도

958년 광종 때 후주에서 귀화한 쌍기의 건의를 받아들여 시험을 통해서 관리를 선발하는 제도야. 혈연에 근거한 신라의 골품제와 달리 실력으로 인재를 선발하는 제도지. '과거'란 과목에 따라 선비를 등용한다는 뜻인데, 과목은 시험의 종류를 의미해. 시험 종류로는 문장 능력이나 정책을 보는 제술과, 유교 경전에 대한 이해를 평가하는 명경과, 법률·회계·지리 등 기술관 채용 시험인 잡과, 불교 경전에 대한 이해 능력을 묻는 승과를 두었어. 이 중에서 제술과를 제일 중요시했어. 과거제의 시행으로 유교적 학식과 능력에 따라 새로운 인재를 채용하고, 이들

을 국왕에게 충성하는 관료로 삼아 정치와 행정의 실무를 맡겼어. 신분보다는 능력을 중시하는 제도로, 양인 이상이면 누구나 과거에 응시할 수 있었는데 대부분의 농민은 현실적인 여건상 응시하기 힘들었지. 한편 무관을 뽑는 무과는 시행되지 않아서 무예나 신체 조건이 뛰어난 사람을 따로 뽑아 무반으로 충원했어.

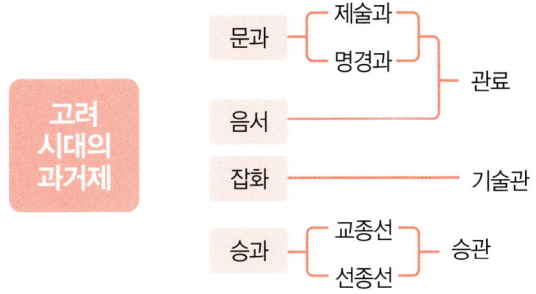

과전법

고려 후기에서 조선 초기에 걸쳐 시행된 토지 제도

고려 후기인 1391년 공양왕 때 신진 사대부의 경제적 기반을 마련하기 위해 만든 토지 제도로 권문세족 등 구세력이 불법적으로 점유한 토지를 몰수하여 전·현직 관리들에게 등급에 따라 경기도 지역의 토지를 나누어 준 제도야. 단 과전법으로 관리들에게 지급한 토지는 그 소유권을 주는 것이 아니라 수조권(해당 토지에서 나오는 세금을 거두는 권리)을 주는 것임을 명심해. 토지에 대한 소유권은 국가에 있었어. 과전법은 고려 말에 시행되어 조선 전기 세종 이전까지 토지 제도의 기반을 이루었지.

고려는 경종, 목종, 문종 때 토지 제도 개혁을 실시했으나, 문종 때 공음전시과를 실시한 이후 사전이 확대되고 과점이 되는 문제가 발생했어. 게다가 무신정변 이후 권문세족이 불법적으로 농장을 확대하고 사원전이 급속도로 늘어나 국가경제는 파탄 지경에 이르렀고 농민들의 생활고는 극심해지고, 관료들에게 지급해야 할 전지마저 부족한 상황에 빠져버렸지. 이러한 문제를 해결하기 위해 여러 왕들이 개혁 정책을 펼쳤지만 실패하고, 위화도 회군 이후 정권을 장악한 이성계와 조준, 정도전 등이 주도하여 토지 제도를 개혁했어.

과전법은 전시과의 기본 원칙으로 돌아가 관료 지배체제를 확립하고자 했어. 이전에도 말했듯이 과전법은 국가소유가 원칙이며, 수조권(조세 징수권)의 귀속 여부에 따라 사전과 공전으로 구분됐어. 수조권이 국가에 귀속되면 공전, 개인이나 관아에 귀속되면 사전이라 불렀지. 공전은 경기도 지방을 제외한 전국의 토지에 해당됐어. 사전은 경기도 지방의 토지를 관리 등급에 따라 1등급(150결)에서 18등급(10결)까지 차이를 두어 분배하되, 1대에 한하는 제한을 두었지. 즉 수조권을 가진 관리가 죽을 때까지 보유했으며, 죽은 뒤에는 국가에 반납했지. 하지만 수조권을 가진 관리가 죽은 뒤에 그 부인이 재가하지 않으면 '수신전'이라는 명목으로, 부인이 죽은 후에도 미성년의 자식이 있으면 '휼양전'이라는 명목으로 토지를 계속 보유할 수 있게 했어.

관촉사 석조 미륵보살 입상
고려 시대 대표적인 불상

충청남도 논산시 관촉동 관촉사에 있는 고려 시대의 불상으로 보물 제

218호야. 고려 시대 최대의 석불입상으로 높이가 18.2m에 이르며 몸체는 허리를 기준으로 두 개의 큰 돌을 이어서 만들었는데, 가분수처럼 얼굴 부분이 매우 크고 몸 전체의 비례나 균형이 맞지 않아 기괴한 느낌이 들어. 두 손은 몸에 비해 특히 큰데, 두 손을 가슴 높이까지 들어 오른손은 위로 올려 엄지와 중지를 맞대고 금속으로 된 연꽃가지를 잡고, 왼손은 아래로 내려 엄지와 중지를 맞대고 있어 관음보살로 추측해. 거대한 돌기둥과 같은 인체 표현, 옆으로 길게 째진 눈, 넓은 코, 한 일자로 꼭 다문 입 등 토속적인 느낌을 주는 얼굴 모습, 비사실적인 조각 기법은 고려 초기 충청도 지방에서 유행한 불상 모습과 비슷해서 당시 지방의 문화적 특징을 잘 표현하고 있지. 통일신라 시대에는 정돈되고 조화롭고 균형잡힌 불상이 많이 만들어졌는데, 신라 말부터 지방에서 세력을 넓힌 호족들이 매우 개성이 강한 불상을 제작했다는 것을 알 수 있어.

공납

지방 특산물을 현물로 내는 세금 제도

고려 시대 평민이 의무적으로 부담해야 하는 조세 중 하나로, 살고 있는 고을에서 생산되는 특산물을 따로 내는 조세 제도야. 특산물에는 쌀, 조, 금, 은, 베, 명주, 면포, 철, 소금, 실, 꿀, 소가죽 등이 있었어. 1066년 문종 때는 매해 일정하게 내야 하는 '상공'과 수시로 내야 하는 '별공'으로 구분했어. 상공은 정해진 공물의 종류와 액수를 각 지방에 분배하여 왕실이나 정부 기관에 납부하는 것인데, 지방에서는 할당받은 공물을 민호에 분배했지. 이때 민호는 남자 장정수를 기준으로 9등급으로 나누었어. 그런데 수시로 특산물을 거두는 별공을 실시할 때 탐관 오리들의 횡포가 심해 공납이 평민의 큰 부담이 되었단다.

교관겸수

의천이 창시한 천태종의 수행 방법

대각국사 의천이 주장한 사상으로, '교(敎)'는 부처님의 말씀인 경전을 뜻하고, '관(觀)'은 참선과 수양, 즉 깨달음을 의미하여 교와 관 둘 다 수양해야 한다는 뜻이야. 경전의 교리와 형식은 교종에서, 참선과 수양을 통한 깨달음은 선종에서 중요시하였어. 의천은 교와 관 모두 다 수양해야 한다고 주장하면서도 교를 더 중요하게 인식했지. 즉 교종의 입장에서 선종을 통합하려 한 사상으로 의천이 창시한 천태종의 수행 방법이야.

고려 초기 불교는 교종의 화엄종과 법상종이 주류를 이루었는데, 종파의 분열이 심해지자 문종의 넷째 아들인 왕자 의천이 출가하여 불교계를 개혁하고자 했어. 몰래 송나라로 유학까지 다녀와서 귀국 후에 천태종을 창시했지. 먼저 교종을 화엄종 중심으로 통합하고, 이후에 교종을 중심으로 선종을 통합하려 했어. 천태종이 주장한 수행 방법인 교관겸수인 거야.

이처럼 모든 종파가 단결할 수 있도록 이론적 체계를 담은 것이 교관겸수 사상이야. 그 뒤 교관겸수 사상은 지눌의 정혜쌍수와 함께 우리 나라 불교의 전통이 되었어.

교장도감

고려 시대 속장경을 만들기 위해 설치한 관청

고려 시대 속장경을 만들기 위해 흥왕사에 설치한 관청이야. 대각국사 의천의 요청으로 1086년 선종 때 설치했지.

교정도감

고려 무신정권의 최고 기관

고려 최씨 무신정권 때의 최고 권력기구로 최충헌이 최씨 무신 정권의 세력을 강화하기 위해 1209년 희종 때 설치한 기구야.

관리의 감시, 인사 행정, 반대 세력 제거, 행정 감시, 세금 징수 등 국정 전반에 걸쳐 초법적인 권력을 행사했어. 이 기구의 장관을 교정별감이라 했는데, 최씨의 역대 집권자들이 대대로 이어가며 세습했지. 1270년 원종 때 임유무가 암살되어 무신정권이 무너지면서 교정도감도 해체됐어.

구분전

고려 시대 생활 능력이 없는 사람에게 지급한 토지

고려 시대 하급 양반의 유가족, 전사한 군인의 아내, 의지할 데 없는 퇴역 군인, 고아인 미혼 여성 등 생활 능력이 없는 사람에게 지급한 토지야.

구양순체

당나라 서예가 구양순의 서체

당나라 서예가 구양순의 서체로 굳세고 힘찬 글씨체가 특징이야. 우리나라에서는 신라 말기부터 고려 전기까지 매우 유행하였지.

국무당

고려 시대 국가에서 각종 제를 지낼 때 무의를 담당하였던 무당

고려 시대 국가에서 왕실의 축복을 기원하는 제를 비롯해 기우제, 기설제, 기청제, 왕비나 태후들의 무제 등 각종 제를 지낼 때 무의를 담당하였던 무당을 칭하는 말이야. 국무당은 명종 때 별례기은도감(환난을 없애기 위해 설치한 임시 관청)을 설치하면서 시작됐는데, 끊임없이 존폐 문제가 논의되다가 전통을 존중한다는 뜻에서 조선 시대까지 존속되었어.

국사

신라와 고려 시대 나라나 왕의 스승이 될 만한 승려에게 내린 칭호

신라와 고려 시대 국가나 임금의 모범이 될 만한 승려에게 주었던 최고의 승직으로, 덕이 높아 나라나 왕의 스승이 될 만한 승려에게 내린 칭호야. 광종 때 혜거대사에게 국사 칭호를 내린 것이 처음이야. 고려 시대에는 국사와 왕사 제도가 있었는데 국사는 왕사 위의 최고의 승직이야.

국자감

고려 시대 최고의 국립 교육 기관

992년 성종 때 최승로의 건의를 받아들여 개경에 설치한 유학을 가르치던 최고의 국립 교육 기관으로 오늘날의 국립대학격이지. 태조 이후 교육 기관이었던 경학을 국자감으로 개칭하여 설치했지. 이후 국자감은 충렬왕 때 국학으로 변경되었다가 충선왕 때 성균관으로, 공민왕 때 국자감으로, 1362년에 다시 성균관으로 이름이 바뀌어 조선으로 이어졌어.

국가에서 필요한 인재를 양성하기 위해 만든 교육 기관으로, 국자학·태학·사문학 등 유학을 전공하는 3개의 학과와 율학·서학·산학 등 실무 기술을 배우는 3개의 학과를 두어 경사육학이라 하여 교육시켰어. 입학 자격은 신분에 따라 제한이 있어 국자학은 3품 이상, 태학은 5품 이상, 사문학은 7품 이상, 기술학부는 8품 이하의 관리나 서민의 자제가 입학할 수 있었어.

12세기 고려 중기가 되면서 사학 12도(사립 대학 중 유명한 것으로 12개가 있다고 해서 사학 12도라고 불러.)에서 과거 합격자를 많이 배출하여 관학인 국자감이 쇠퇴하는 현상이 나타났어. 이에 대한 대책으로 과거 전문반인 7재와 장학 재단인 양현고, 도서 출판을 담당하는 서적포를 국자감에 설치하여 관학을 진흥시키려고 노력했지.

국학 7재

고려 시대 국학의 진흥을 위해 국자감에 설치한 7개의 전문 강좌

1109년 예종 때 사학에 밀리는 국학의 진흥을 위해 국자감에 설치한 7개의 전문 강좌로, 최충의 9재를 모방해서 설치했어. 주역을 공부하는 여택재와 상서를 공부하는 대빙재, 모시를 공부하는 경덕재, 주례를 공부하는 구인재, 대례를 공부하는 복응재, 춘추를 공부하는 양정재 등 6재와 무학을 공부하는 강예재를 합해 7재라 말해. 7재의 설립은 국학진흥이라는 목적과 더불어 북방민족과의 계속된 전쟁으로 외교적 긴장 상태가 지속되는 상황에서 문무양학을 함께 진흥시켜, 장수와 재상을 양성하고자 하는 현실적인 요구를 반영한 것이지. 그러나 인종 때 문·무 양학 간에 불화가 초래된다는 이유로 무학재를 폐지했어. 하지만 사실은 문을 숭상하고 무를 경시하는 풍조가 컸고, 이것이 나중에 무신정변의 원인이 되기도 해.

권문세족

고려 후기 원나라의 세력을 배경으로 등장한 지배층

무신 정권 이후 원나라가 고려의 정치를 간섭하던 시기에 원의 세력을 등에 업고 나타난 고려 후기의 새로운 지배 세력으로, 권세가 있는 귀족 가문이라는 뜻이야. 주로 군인, 역관, 환관 출신 인물이나 그 친척들로 이루어졌어. 이들은 가문을 기반으로 음서를 통해 신분을 세습하고 백성들의 토지를 강제로 빼앗아 강과 하천을 경계로 삼을 만큼 대농장을 소유했어. 또 불교를 신봉하고 도평의사사의 높은 지위를 차

지했지만 국가에 세금은 한 푼도 내지 않았지. 또한 가난한 농민들을 농장으로 끌여들여 노비처럼 부리며 부를 축적해 갔어. 공민왕 때는 권문세족의 불법적인 노비와 토지 약탈을 막기 위해 '전민변정도감'을 설치했지만 권문세족의 세력이 너무 강해 별 효과를 얻지 못했어. 하지만 고려 후기 과거제를 통해 중앙 관료로 진출한 신진 사대부가 힘을 얻고 과전법이 시행되면서 권력의 중앙에서 몰락했지.

귀주 대첩

거란의 3차 침입 때 강감찬의 지휘로 고려군이 거란군을 크게 물리친 전투

1019년 거란의 소배압이 10만 대군을 이끌고 고려를 침략했을 때 강감찬이 이끈 고려군이 거란군을 크게 물리친 전투야. 1018년 현종 때 거란은 서희의 담판으로 고려가 획득한 강동 6주를 다시 돌려줄 것과 고려 국왕이 거란을 방문해 예의를 갖출 것을 요구하며 고려를 세 번째로 침입했어. 거란군은 흥화진을 통해 내려오다 고려군에게 패배했지만, 서경을 거쳐 개경 부근까지 침략했지. 그러나 고려군의 저항이 크고 병력 손실이 커지자 거란군은 정벌을 포기하고 퇴각했어. 강감찬은 퇴각 중이던 거란군을 귀주에서 공격하여 크게 승리했고 이때 살아서 돌아간 거란군은 수천 명에 지나지 않았다고 해.

기인(基人) 제도

고려 시대 지방 호족 세력을 견제하기 위한 제도

고려 태조가 후삼국을 통일한 후에 지방의 호족 세력을 포섭하고

견제하기 위하여 실시한 제도야. 지방 호족의 자제를 중앙의 관리로 불러들여 출신 지방의 행정 고문 역할을 맡겼지. 이는 지방 세력을 견제하고 중앙 집권을 강화하기 위한 것으로, 신라의 상수리 제도에서 유래했어.

기전체
역사 사실을 서술하는 하나의 형식

역사를 서술하는 하나의 형식으로 보통 군주의 정치와 관련된 기사인 「본기」와 신하들의 개인 전기인 「열전」이 실리므로 이를 따서 「기전체」라 불러. 이밖에 통치제도·문물·경제·자연현상 등을 내용별로 나누어 쓴 「지」와 「연표」가 있어. 중국 전한 사마천의 〈사기〉에서 시작되었고, 후한의 반고가 편찬한 〈한서〉에서 그 틀이 갖추어졌지. 이후 중국 역대 왕조의 정사로서 편찬된 25사가 모두 기전체로 편찬되었어.

우리 나라에서는 고려 초기에 〈삼국사〉가 기전체로 편찬되었으나 전해지지 않아서, 〈삼국사기〉가 현존하는 최초의 기전체 역사서야. 이 형식은 역사를 군주와 그를 보필하는 신하, 그리고 통치제도 등 세 부분으로 파악하는 역사 기술이야. 하나의 자료가 내용에 따라 나뉘어 있기 때문에 역사를 총체적으로 이해하기에는 불편하지만, 연대가 없는 자료까지도 모두 실을 수 있는 장점이 있어.

김사미·효심의 난
고려 시대 김사미와 효심이 주도해서 일어난 농민 봉기

1193년 명종 때 농민으로 추측되는 김사미와 효심이 경상도 지역에서 연합 세력을 형성하여 일으킨 농민봉기야. 무신정권 시대에는 농민과 천민의 봉기가 많이 일어났는데, 이 중 대표적인 봉기가 김사미·효심의 난이지. 이 봉기는 당시 일어난 농민·천민의 봉기처럼 계급적인 문제도 원인이지만, 경주 지방의 신라 부흥운동 등 지역감정 문제도 복잡하게 상호작용했어. 한때 경주(동경)와 강릉 지역까지 세력을 확대하며 신라 부흥을 외쳤지만 정부군에 패하고 김사미도 붙잡혀 이 난은 실패하고 말았어.

나성

도시 전체를 둘러쌓은 외성

나성이란 보통 도시 전체를 둘러쌓은 외성을 말하는데 고려 시대에는 938년 태조 때 서경에 나성을 축조해 방어벽으로 삼았지.

거란의 세 차례의 침입을 물리친 후에는 강감찬의 건의에 따라 언제 다시 있을지 모르는 북방 민족의 침입에 대비하기 위해 개경에 나성을 쌓았어. 개경에 쌓은 나성은 1010년 현종 때 시작해 21년 만에 완성되었지. 현재는 모두 없어지고 일부 터만 남아 있어.

조개껍데기를 붙여 다양한 형태의 무늬를 만들어내는 칠공예의 기법 중 하나

칠공예의 장식기법 중 하나로 나전은 얇게 간 조개껍데기를 다양한 형태로 오려내어 기물의 표면에 감입(나전의 무늬대로 목심을 도려내고 그 자리에 끼우는 것)시켜 꾸미는 것을 통틀어 말해. 옻칠한 바탕에 자개를 붙여 무늬를 내는 공예 기법이지. 한국에서는 '자개'라고 부르기도 해. 삼국 시대에 중국 당나라로부터 전해졌다고 하는데, 이후 고려 시대 들어서 나전기법이 눈부시게 발달해 도자기 공예와 함께 고려 시대 대표적 공예로 자리잡았어. 심지어 원나라의 황후는 나전칠기에 매료되어 고려에 불경을 담는 경함을 보내 달라고 요구하기도 했대.

남반

고려 시대 궁중의 실무를 담당했던 하급 관리

고려 시대 중류층에 속하는 계층으로 궁궐에서 숙직하며 국왕의 시종을 들고 왕명을 전달하는 등의 업무를 수행하던 관리야.

낭사

고려 시대 중서문하성에 소속된 정3품 이하의 관원에 대한 총칭

고려 시대 중서문하성 소속 정3품 이하의 관원을 일컫는 말로 어사대의 관원과 함께 '대간'이라고도 불러. 낭사는 왕의 불합리한 처사나 과오에 대해 잘못을 논하거나 간언하는 등 주로 왕을 상대로 활동

하는 업무를 담당했지. 그밖에 시정 논의, 풍속 교정, 관리의 감독과 탄핵, 관원을 임명할 때 적합여부 확인, 법률을 제정하거나 개정할 때 타당성 확인 등의 직무도 수행했어. 그래서 한림원, 정조(이부와 병부), 어사대의 관원과 함께 핵심 요직으로 간주되어 많은 사람들로부터 선망을 받는 직책이었지. 그만큼 낭사가 될 수 있는 자격도 매우 엄격하여 청렴하고 덕망이 있으며 강직한 문벌귀족 출신들이 임명되었어. 낭사직은 언론정치를 활성화하고 국가와 왕실의 안정을 이루려는 목적으로 설치되었지. 또 이런 본래의 목적에도 어느 정도는 기여했지만 낭사직의 권한이 매우 크고 주로 문벌귀족 출신이 임명되었기 때문에 왕권을 견제하고 귀족 계급의 권한을 강화하는 역할을 했어.

내장전

고려 시대 왕실이 직접 소유권을 가지고 경영하였던 토지

　　고려의 왕실은 전국에 광대한 토지를 관리하고 있었는데 그 가운데 왕실이 직접 소유권을 가지고 경영하였던 토지가 내장전이야. 왕실 재정의 기본이 된 토지야. 내장전은 고려 초기부터 존재했으며 타인에게 소작을 시키거나, 소속 노비 혹은 주변 농민을 사역시켜 직영하는 두 가지 방식으로 운영되었어.

노비안검법

고려 시대 노비가 아니었던 사람을 원래 신분으로 회복시킨 법

　　956년 광종 때 호족 세력을 약화시키고 왕권을 강화하기 위

해 시행된 정책이야. 원래 양인 신분이었는데, 전쟁에서 포로로 잡혔거나, 빚을 갚지 못하여 강제로 노비가 된 사람들을 파악하여 예전 상태인 양인이 될 수 있게 조치한 법이지. 일종의 노비해방법이라 볼 수 있지. 고려 초기 호족은 토지와 노비를 경제적·군사적 세력의 기반으로 삼았는데, 이런 현상은 왕권을 위협할 수 있으므로 국가는 여기에 제한을 둘 필요가 있었어. 노비안검법의 시행으로 호족 세력의 경제적 기반은 약해지고 왕권은 강화되었지.

농상집요

고려 때 원나라에서 수입한 농업에 관한 책

고려 때 이암이 원나라에서 수입한 농업에 관한 책이야. 중국 최초로 정부에서 발간한 농서로, 원나라에서 농업을 진흥시킬 목적으로 간행했지. 1273년에 집성하여, 1286년에 간행·공포되었어. 내용을 살펴보면 경간·파종·재상·과실·약초 등 10문으로 구성되어 있어. 특히 당시의 새로운 유용작물인 목화의 재배를 장려한 기사가 눈에 띄지.

농상집요는 비록 중국의 서적이긴 하지만 우리 나라의 농서에 큰 영향을 주었어. 조선 시대 1517년 중종 때 〈농서집요〉란 제목으로 발췌, 번역되었고 〈농사직설〉 등 대표적인 우리 나라 농서에 많은 영향을 끼쳤지.

다루가치

원나라에서 관청의 책임자를 호칭하는 직함

관청의 책임자를 뜻하는 몽골어로, 중국 원나라는 점령지에 다루가치를 파견해 그 나라의 행정을 감독하고 감시했어. 원나라가 고려에 처음으로 다루가치를 파견한 때는 1231년 고종 때로, 살리타를 총지휘관으로 내세워 고려를 침략한 1차 몽고 침입 시기야. 수도 개경이 몽골군에게 함락될 위기에 처하자 고려 조정은 화친을 제안했고, 이에 몽골은 철군 대신 72명의 다루가치를 파견해 고려 내정을 간섭했어. 고려 내정 간섭에 대한 고려의 항거는 2차 몽골 침입의 원인이 되었지. 다루가치는 원나라의 간섭이 끝난 후부터 고려에서 철수했어.

다포식

고려 후기에 유행한 건축 양식

다포식을 이해하기 위해서는 먼저 '공포'를 알아야 해. 고궁에 가보면 처마가 화려하게 장식되어 있지. 즉 목조 건물에서 지붕 기둥 끝에 처마의 무게를 잘 받치기 위해 만든 것으로 기둥 머리 바로 위에 받친 공포를 '주심포'라 부르고, 그 외의 많은 곳에 받친 공포를 '다포'라고 불러. 다포식은 고려 말기에 유행한 양식으로, 공포가 기둥뿐 아니라 여기저기 많기 때문에 웅장하고 화려한 멋을 내지. 황해도 황주에 있는 성불사 응진전과 심원사 보광전이 대표적인 다포식 건축물이야.

대비원

고려와 조선 시대의 구호기관

일종의 구호기관으로 1049년 문종 때 개경의 동쪽과 서쪽에 각각 하나씩 설치해 '동서대비원'이라 불렀고 서경에도 분사 1원이 있었어. 대비원은 불교의 자비사상에 입각해 약재와 식량을 갖추어 놓고 병자를 치료하거나 기아로 고통받는 이들에게 의복과 식량을 나누어 주었지. 대비원은 고려 말까지 존속되었는데 조선 초기에는 1414년 태종 때 '활인원,' 1466년 세조 때 '활인서'라는 이름으로 설치되었다가 1882년 고종 때 폐지됐어. 이후 활인서 사업은 혜민서 업무와 통합되어 제중원, 광혜원, 대한적십자병원으로 이어지고 있지.

대성(대간)

감찰 임무와 국왕을 간쟁하는 임무를 맡은 관리를 합쳐서 부르는 명칭

고려 시대 어사대의 대관과 중서문하성 성랑을 합쳐서 부른 명칭이야. 대성은 간쟁(왕의 잘못을 비판하거나 수정함), 봉박(왕의 잘못된 명령을 거부함), 서경(관리를 임명할 때 동의권을 행사함), 감찰(관리의 잘못을 감시하고 탄핵함) 등의 업무를 담당했어. 즉 왕권과 귀족권을 견제하는 역할을 했지.

대장경

불교의 대경전

석가모니의 설법을 기록한 경장으로 교단의 계율, 계율을 해설한 율장, 경의 주석문헌인 논장을 집대성한 불교의 대경전이야. 이후에는 석가모니뿐만 아니라 그의 제자나 고승들이 남긴 저서도 여기에 포함했어.

고려 시대에는 외적의 침략이 심해지자 부처님의 힘으로 나라를 보호하려는 호국의 목적에서 대장경을 많이 조판했어. 맨 처음 간행한 대장경은 〈초조대장경〉이야. 이것은 현종 때 거란의 침입을 물리치기 위해 만들기 시작했고 선종 때 완성했어. 대구 부인사에 보관했는데 아쉽게도 몽골 침입 때 소실되고 말았지. 하지만 그 인쇄본의 일부인 1715권이 일본 교토의 남선사에 남아 있어. 이후에 대각국사 의천이 〈속장경〉을 간행했는데, 이것 또한 대부분 몽골 침입 때 소실되었고 일부분만 순천 송광사와 일본에 흩어져서 47권이 남아 있어. 이후 몽골 침입 시기에 수도를 개경에서 강화도로 옮기고 부처님의 힘으로 국난을 극복하고자 장경도감을 설치해서 〈팔만대장경〉을 간행했는데 1251년 고종 때 완성되었어. 현재는 합천 해인사 장경판전에 보관되어 있지.

대장경의 조판은 고려가 가장 힘들었던 국난의 시기에 수행한 거국적인 사업으로 문화 국가로서 고려의 위상을 높였고 고려 인쇄술과 출판물의 발전에 크게 기여했어.

도방

고려 시대 무신 정권의 사병 집단

무신 집권자들이 자신의 신변을 보호하고 집권 체제를 강화할 목적으로 만든 사병 집단이야. 경대승이 정중부를 물리치고 정권을 잡은 후에 본인의 신변을 보호하고자 1179년 명종 때 설치했어. 경대승이 죽은 후에 폐지되었다가 최충헌이 부활시켰지. 최충헌은 도방의 기능을 더 강화시켜 자신의 권력을 다지는 데 사용했어. 그 결과 관군은 무력해지고 힘이 있는 자는 모두 최씨 무신 정권의 사병이 되었단다. 1170년 원종 때 임유무가 살해되고 왕정이 복고되면서 도방은 폐지되었지.

도병마사
고려 시대 국방과 대외 문제를 의논하던 기구

고려 시대 중서문하성과 중추원에 소속된 고위 관리가 함께 모여 국가의 중요한 정책(주로 국방과 외교 문제)을 의논한 정치 기관으로, 중국의 영향을 받지 않은 고려의 독자성을 보여주는 회의기구야. 이름 그대로 병마사(양계의 장관)를 견제하기 위해 설치되어 국방과 대외 문제를 의논했지. 이렇듯 초기에는 국방상 중요한 일을 논의했는데, 몽골의 침입 이후 국가의 모든 중대사에 관여하면서 점차 고려 시대 최고 의결 기관으로 성격이 변모했어. 1279년 충렬왕 원 간섭기에는 '도평의사사'로 이름이 변경되어 모든 국가의 일을 합의하고 시행하는 중앙의 최고 국가 기관이 되었지. 조선 건국 때까지 존속되다가 1400년 정종 때 의정부로 개편되었어.

도평의사사
고려 후기 국가의 최고 정무 기구

고려 전기에 설치한 도병마사가 고려 후기 1279년 충렬왕 때 '도평의사사'로 개편되면서 국정 전반에 걸친 중요 사항을 담당하는 최고 정무 기구로 발전했어. 그 구성과 기능도 확대되어 국가의 모든 중대사를 회의하는 합의기관의 성격에다가 국가의 일반 사무를 직접 관장하는 행정기관의 역할도 더했지. 조선 건국 초기까지 존속되다가 1400년 정종 때 의정부로 개편되었어.

돈오점수
고려 후기 보조국사 지눌이 주장한 수행 방법

조계종을 창시한 보조국사 지눌이 주장한 수행 방법으로, 불교의 참뜻을 깨닫고 이를 바탕으로 꾸준히 수행해야 한다는 의미야. '돈오'라는 뜻은 갑자기 깨닫는다는 의미로 참선과 수양을 통해 어느 순간 진리를 깨닫는 것을 말하고, '점수'는 점진적으로 수행해야 한다는 뜻으로, 깨우친 것을 바탕으로 점진적으로 실천해야 한다는 의미지.

동국중보
고려 시대의 화폐

1910년대 초 개성 부근의 고려 시대 고분에서 동국통보, 건원중보, 개원통보 등과 함께 출토된 고려의 화폐야. 지름 24~25mm의 둥근 모양에 가운데는 5~6mm 크기의 사각형 구멍이 뚫려 있고 한쪽 면에만 '동국중보'라고 새겨져 있어. 이 화폐가 만들어진 시기는 정확히 알 수 없지만 금속화폐의 유통 정책이 추진된 고려 전기쯤으로 추측해.

동녕부

원나라가 고려 땅을 직접 다스리기 위해 서경에 세운 통치기관

원나라가 자비령 이북의 고려 땅을 직접 다스리기 위해 서경에 세운 통치기관으로 1270년 설치되었어. 이후에 고려가 끈질기게 반환을 요구했지. 원명 교체기에 원나라의 국력이 쇠약해진 틈을 타 1370년 공민왕 때 동녕부를 요동 지역으로 옮기고 자비령 이북 땅을 고려에 반환했어.

이런 중국의 정치 세력 변화를 간파한 공민왕은 옛 고구려 영토 회복을 위해 동녕부 정벌을 추진했어. 또한 원나라의 간섭에서 벗어나 고려의 자주성을 회복하기 위한 여러 정책을 실시했지.

동명왕편

이규보가 지은 영웅 서사시

이규보가 고구려의 시조인 동명왕 주몽의 설화를 장편 영웅 서사시로 표현한 작품으로, 이규보의 작품집인 〈동국이상국집〉에 실려 있어. 이 작품은 고려 초기 문인들이 틀에 구애받지 않고, 고려가 오랜 역사와 전통을 지닌 문화 민족임을 자가하도록 하는 내용을 담고 있지. 고구려 시조인 동명왕의 영웅적 행위를 찬양하여 고구려를 계승하는 민족의식과 민족 자주성을 나타내고자 했어.

동북 9성

윤관이 여진족을 몰아낸 후 쌓은 아홉 개의 성

　　1107년 예종 때 윤관이 여진족을 몰아낸 후 쌓은 아홉 개의 성이야. 12 세기 거란이 쇠퇴하자, 여진족이 동북 아시아 지역에서 점차 강성해져 그 세력이 천리장성 부근까지 내려와 고려와 충돌하게 되었어. 이에 고려 숙종 때 윤관의 지휘 아래 여진 정벌군을 파견하였으나 기병 중심인 여진족에게 번번이 패배하자, **별무반이라는 특별 부대를 편성하였지.** 그리하여 예종 때 **윤관은 별무반을 이끌고 여진족을 물리치고 동북면 지역에 9성을 설치하였어.** 이후 동북 9성은 여진족의 간청과 고려가 이 지역을 수비하는 데 드는 비용 등의 어려움으로 개척 1년 만에 여진족에게 돌려주었지.

만권당

충선왕이 원나라 연경에 건너가 자신의 사택에 세운 서재

　　충선왕이 충숙왕에게 왕위를 물려주고, 1314년 원나라 연경에 건너가 자신의 사택에 세운 서재야. 충선왕은 고려 후기 원의 간섭에서 벗어나기 위해 펼친 개혁 정책이 실패하자 왕위를 물려주고 원나라에 만권당을 설치했어. 귀한 서적을 많이 수집한 후 고려의 유학자와 중국 한족 출신의 유학자를 불러 모아 만권당에서 서로 교류하게 했지. 이들은 서로 교류하면서 중국의 고전과 당시 북중국에서 유행한 성리학도 연구했어. 이렇게

하여 백이정에서 이제현, 박충좌를 거쳐 이색·이숭인·정몽주 등에게 성리학이 전해졌지. 만권당에 모여든 학자들은 학술뿐만 아니라 고려와 원나라 간 문화 교류의 중심적인 역할도 했어.

만부교 사건

942년 고려 태조가 거란의 사신을 유배시키고 거란이 보낸 낙타를 만부교 아래에 매달아 굶어죽게 한 사건

거란의 태종은 고려를 자기 세력으로 만들고자 사신과 낙타 50필을 보냈어. 하지만 태조 왕건은 발해를 멸망시킨 거란에 매우 적대적이었지. "거란은 하루아침에 발해를 멸망시킨 무도한 나라이므로 국교를 맺을 수 없다"면서 사신 30명은 섬으로 귀양보내고 낙타는 개성의 보정문 안에 있는 만부교 아래에 매달아 굶어죽게 하는 강경한 조치를 취했어. 또한 태조는 〈훈요 10조〉를 통해 거란을 금수의 나라라고 칭하면서 거란의 문물을 본받지 말아야 한다고 경고했어.

이러한 태조의 강경한 태도는 친척 나라인 발해를 거란이 멸망시킨 이유도 있었지만, 북진정책의 의지를 표현한 것으로도 볼 수 있어. 이 사건으로 고려와 거란과의 국교는 단절되었고 이후에도 계속 거란에게 적대적인 태도를 취했지. 양국은 991년 성종 때부터 1018년 현종 때까지 총 세 차례의 전쟁을 치른 후 1019년 화친을 맺고 평화를 유지했어.

만적의 난

노비인 만적이 주도하여 일으킨 노비 해방 운동

1198년 신종 때 고려 수도인 개경에서 최충헌 집안의 노비인 만적이 주도하여 일으킨 노비 해방 운동이야. 고려 중기 무신정변 시기에는 천민 출신 이의민이 정권을 장악하는 등 당시 고착된 신분질서에 변화를 가져오는 사례가 있었어.

만적은 노비들을 모아놓고, "무신정변 이래로 천한 무리에서 높은 관직에 오르는 경우가 많이 일어났으니, 왕후장상의 씨가 따로 있으랴?"라고 주장하면서 신분 해방을 외쳤어. 이때 모인 노비들은 만적의 주장을 지지하며 양인을 나타내는 '丁'(정)자 모양의 표지를 만들어 흥국사에 모여 각자 자기의 주인들을 죽이고 노비문서를 불사르자는 반란을 계획했어. 하지만 이 계획은 밀고자 순정에 의해 사전에 발각되어 실패로 끝나고 말았지. 만적을 비롯한 수백 명의 노예들은 모두 강물에 던져져 죽음을 맞았고, 밀고자 순정은 상금과 함께 양인 신분으로 계급이 상승하는 보상을 받았어.

비록 만적의 난은 실패로 끝났지만, 신분구별이 엄격했던 당시 사회에서 불합리한 신분질서를 해체하고 평등한 사회를 만들고자 했던 사상이 높이 평가되고 있지.

망이, 망소이의 난

고려 무신정권 시기에 망이·망소이 형제가 일으킨 신분 해방 운동

1176년 정중부가 집권하는 무신정권 시기에 충청남도 공주 명학소에

살았던 망이·망소이 형제가 천민에 대한 착취와 불합리한 차별 대우에 반발하여 신분 상승을 요구하며 일으킨 난이야. 고려 시대에는 국가에서 필요한 공물을 확보하기 위해 '향, 소, 부곡'이라는 특수 행정 구역을 두었는데, 이곳에 사는 천민들은 일반 군현에 속한 사람들에 비해 무거운 세금을 부담했고 차별대우도 심했어. 이 난은 비록 실패했지만 정부에서 이들을 회유하기 위해 명학소를 충순현으로 승격시켰어. 망이·망소이 난은 만적의 난과 더불어 고려 시대 최하층인 천민들이 신분 해방을 외친 운동이라는 점에서 역사적 의의가 있어.

명경과

고려 시대 유교 경전에 밝은 인재를 선발하는 과거 시험 과목

고려 시대 과거시험 분과 중 하나로, '명경업'이라고도 불러. 시, 서, 역, 춘추, 예기 등 유교 경전의 내용을 시험으로 보았지. 고려 시대에는 제술과와 함께 과거 시험의 대표적인 과목이었으나 점차 문장 능력이나 정책을 보는 제술과가 더 중시되었어.

목

고려 시대 지방 행정 조직의 일부

고려 시대 일반 행정 구역인 5도에서 인구가 많고 물산이 풍부한 지역에 설치한 지방 행정 조직의 일부야. 983년 성종 때 전국에 12목을 설치하고 중앙에서 지방관을 파견했어. 황주목, 양주목, 상주목, 전주목 등을 그 예로 들 수 있어.

몽골과의 전쟁(대몽 항쟁)

1231년부터 1270년까지 7차례에 거쳐 몽골과 고려가 벌인 전쟁

1206년 중국에서는 칭기즈 칸이 여러 부족으로 나뉘어 있던 몽골족을 통일했어. 몽골은 여진족이 세운 금나라를 멸망시키고 중앙 아시아를 정복한 뒤 유럽까지 진출하여 세계에서 가장 큰 제국을 건설했지. 칭기즈 칸 사후에 몽골 제국의 5대 황제인 쿠빌라이가 1271년 나라 이름을 '원' 으로 바꾸고 송나라를 멸망시킨 후 중국을 지배했어. 몽골은 개방적인 정책으로 세계의 동서 문화 교류에 큰 기여를 했지만, 고려를 차지하기 위해 1231부터 1270년까지 7차례나 침입했고 그 이후에도 정치적으로 간섭했지. 이후 원나라는 1368년 명에게 멸망당했어.

고려와 몽골과의 첫 접촉은 나쁘지 않았어. 거란이 고려를 다시 침입했을 때 고려는 몽골과 연합하여 거란을 물리쳤고(강동성 전투) 이를 계기로 두 나라는 공식적인 외교 관계를 맺었어. 그런데 몽골은 강동성 전투를 핑계로 고려에게 무리한 공물을 자주 요구해왔어. 그런데 고려에 사신으로 왔던 몽고 관리 저고여가 고려 공물을 받아가던 길에 국경선 부근에서 살해당하는 사건이 발생해. 몽골은 저고여의 살해 사건을 고려인의 짓이라 우기면서 외교 관계를 일방적으로 끊어 버리고 대군을 이끌고 고려를 침략하게 되지. 이를 시작으로 40여 년에 걸친 몽골과의 긴 전쟁이 시작돼.

1231년에 몽고는 국경선을 넘어 고려로 쳐들어왔어. 당시 고려의 지배층이었던 최씨 정권의 최우는 몽골군이 삽시간에 충주까지 남하하자 급히 화해를 했지. 살리타가 이끄는 몽고군은 회군했지만, 그 대신 고려는

몽골이 요구하는 많은 공물과 여자를 바쳐야 했어. 이에 최우는 몽골과 장기 항전을 결심하고 몽골이 물에 약하다는 약점을 이용해 수도를 강화도로 옮겼어. 이후 7차례에 걸친 전쟁에서 일반 백성과 노비, 천민 모두 몽골군에 대항해 열심히 싸웠으나 전쟁 중에 황룡사 9층 목탑과 초조 대장경, 속장경 등의 문화재들이 불에 타는 안타까운 일이 발생했어.

하지만 강화도로 천도한 최씨 무신정권은 오히려 사치스런 생활을 즐기며 본토에서 고통받는 백성들을 돌보지 않았어. 결국 지배층은 강화도로 피신해 정권 유지를 하며 편히 쉬고, 육지에 남은 백성들만 죽기 살기로 전투를 치르게 되었지.

몽골이 처음 침입했을 때는 박서의 지휘로 평안도 귀주성에서 백성들이 자발적으로 전투에 참여해 성을 지켜냈어. 또 충청도 충주에서는 몽골군이 침입한다고 하자 관리들은 모두 도망가 버리고 노비들이 끝까지 싸워 성을 지켰어. 또한 천민들이 사는 처인성(현재 용인 지역)에서는 승려 김윤후의 지휘 아래 모두 합심하여 몽골군에 맞서 싸웠어. 이처럼 대몽 항쟁은 강화도로 도망친 지배층이 주도한 것이 아니라 풍전등화의 위기에 처한 나라를 위해 일반 민중들이 자발적으로 나섰던 거야.

결국 최씨 무신정권의 마지막 집권자였던 최의가 암살당하며 무신정권은 무너졌어. 이후 문신들이 원나라와 강화를 맺고 개경으로 환도하며 기나긴 몽골과의 전쟁이 끝나게 되었지. 그러나 당시 무신정권의 사병 기구였던 삼별초가 몽골과의 강화와 개경 환도에 반대하며 대몽 항쟁을 벌였어. 근거지를 강화도, 진도, 제주도로 옮기며 끝까지 싸웠으나 결국 여·몽 연합군에 의해 진압되었어.

몽골풍(몽고풍)

고려 후기 고려에서 유행한 몽골의 풍속

고려 후기 원나라와 인적·물적 교류가 활성화되면서 고려에 들어와 유행한 몽골의 풍속을 통틀어 말해. 주로 왕실이나 관리 등 상류사회를 중심으로 몽골의 언어, 의복, 성명 등이 유행했으며, 일부는 일반 백성 사이에도 유행하여 우리 풍속에 많은 영향을 미쳤어. 왕실이나 관리들 사이에서 변발과 호복이 일상화되고, 왕비들은 고고라고 부르는 몽골식 모자를 썼지, 몽골식 연회인 보르챠연을 열어 수천 필의 포로 만든 꽃과 여러 가지 물건으로 장식하고 춤과 노래를 즐겼어. 또한 몽골어의 영향으로 왕이나 관리들은 몽골식 이름을 지었고, 관제에도 몽골식 용어를 사용했어.

원의 간섭에서 벗어나 고려의 자주성을 회복하고자 노력했던 공민왕은 반원정책에 따라 변발·호복을 금지시켰고 이와 더불어 다른 몽골 풍속들도 금지되었을 것으로 여겨져. 그러나 일부는 민간에 널리 퍼져 오랫동안 남아 있지. 예를 들어 여자들의 족두리나 신부가 귀걸이를 걸고 뺨에 연지를 찍는 것, 남녀의 옷고름에 차는 장도, 여자들이 머리를 땋을 때 넣은 다리 등이 있어. 언어에도 그 흔적이 남아 있는데, 장사치 등과 같이 어미에 「치」를 붙이는 습관, 임금의 밥상을 칭하는 「수라」 등이 그 예야. 한편 고려 후기에는 고려의 풍속이 원으로 흘러들어가 유행하기도 했는데, 이는 '고려양'이라 불러.

묘청의 서경 천도 운동

묘청이 고려 수도를 서경으로 옮기자고 주장한 운동

　　1135년 인종 때 서경(지금의 평양) 출신의 승려 묘청과 신진 세력이 인종에게 '고려를 황제국으로 칭하고, 독자적 연호를 사용하며, 금나라를 정벌할 것'을 건의하고, 이를 실현하기 위해 고려 수도를 서경으로 옮기자고 주장한 운동이야.

　　당시 고려는 금나라에 사대하고 있었는데, 풍수지리에 밝았던 묘청은 현재 고려 수도인 개경은 복이 사라졌으니 수도를 복이 넘치는 서경으로 옮기면 금나라를 누르고 국력이 다시 강해질 것이라 주장했어. 인종은 이 의견을 받아들여 서경에 '대화궁'이라는 궁궐까지 지으며 수도를 옮기려 했지만, 개경에 기반을 둔 기존의 귀족 세력들이 서경 천도를 반대해서 결국은 실현되지 못했어. 이에 서경 천도 운동을 추진했던 세력들은 묘청을 중심으로 반란을 일으켰지. 나라 이름을 '대위국', 연호를 '천개'라 정하고 서경에서 반란을 일으켰는데, 김부식이 이끄는 고려군에 의해서 결국 진압되고 말았어.

　　후에 역사학자 신채호는 〈조선상고사〉에서 묘청의 서경 천도 운동을 천년 역사 중 최고의 사건으로 꼽으며 높이 평가했지. 묘청의 서경 천도 운동은 지역 세력의 대립(개경파 대 서경파), 사상의 대립(유교 사상 대 풍수지리설), 국가 계승에 따른 이념 대립(신라 계승 의식 대 고구려 계승 의식) 등이 복잡하게 얽힌 고려 문벌귀족 내부 사회의 모순을 잘 드러낸 사건이야.

무신정변

고려 의종 때 무신들이 문신과의 차별 대우에 불만을 품고 일으킨 반란

신사 시대

청동기 시대

철기 시대

1170년 의종 때 무신 상장군인 정중부가 부하들과 함께 문신들을 제거하고 임금인 의종까지 몰아내려 했던 반란이야. 당시 이자겸의 난, 묘청의 서경 천도 운동 등을 겪은 후 뒤숭숭한 고려 문벌귀족 사회를 붕괴시킨 사건이지.

고조선

고려는 유교를 정치 이념으로 삼고 문(文)을 숭상하는 사회였어. 따라서 문신위주로 국정이 운영되었지. 무신이 올라갈 수 있는 최고 관직도 정3품인 상장군 직위였고 실제 군대 지휘자도 문신이었어. 서희, 윤관, 강감찬도 모두 문신 출신이야. 이처럼 무신들은 같은 관리임에도 불구하고 문신과 비교해 심한 차별 대우를 받았는데, 당시 왕인 의종마저 무신을 무시하고 문신을 총애했어. 이에 대한 불만이 보현원 사건을 계기로 정변으로 폭발한 거야. 의종의 보현원 행차 중에 오병수박희라는 놀이를 무신들에게 시켰는데 나이가 많은 대장군 이소응이 젊은 무신을 이기지 못하자 문신 한뢰가 이소응의 뺨을 때렸어. 이것이 도화선이 되어 정중부, 이의방 등 무신들이 무력으로 문신들을 물리쳤지. 그리고 의종을 폐위하고 명종을 내세워 정권을 장악했어.

고구려

백제

신라

무신정변 이후 무신들은 약 100여 년 동안 고려의 지배 세력으로 군림했지. 처음에는 무신 내부에서도 권력 다툼이 나타나 정중부 → 경대승 → 이의민 → 최충헌의 순서로 지배자가 바뀌다가 최충헌이 집권하면서 최씨 정권에 의해 무신정권이 안정기로 들어섰어. 1270년 몽골 침입의 막바지에 고려 조정이 원나라와 화친을 맺고 개경으로 환도하면서 무신정권은 막을 내려.

발해

고려

문벌 귀족

고려 전기부터 중기 사이의 지배층 세력

　　고려는 지배 계층이 자주 바뀌었어. 고려 건국 초기에는 호족 세력이 지배층을 형성하다가 문벌 귀족으로, 그 이후 무신정권, 원 간섭기에는 권문세족이, 그리고 고려 말에는 신진사대부 순으로 지배층을 형성했어.

　　문벌 귀족은 고려 전기부터 중기 사이의 지배층 세력인 귀족 세력을 말해. 주로 통일신라 말기에 성장한 호족, 6두품, 고려 개국 공신들이 문벌 귀족이 되었어. 이들은 5품 이상의 관직을 지녔으며 음서와 공음전이라는 특권을 누렸어. 또한 집안 대대로 고위 관직자를 배출했지. 이들은 왕실이나 비슷한 수준의 가문과 폐쇄적인 혼인 관계를 맺어 권력을 독점했지. 또 그 자손들은 시험을 치르는 과거제와 달리 음서로 쉽게 관리가 될 수 있는 정치적 특권을 누렸고, 자손에게 대대로 물려줄 수 있는 공음전을 지급받아 경제적 특권을 누릴 수 있었어. 문벌 귀족 내부의 갈등이 표현된 사건이 이자겸의 난과 묘청의 서경 천도 운동이야. 이 두 사건을 겪으며 혼란해진 문벌 귀족은 무신정변으로 지배 계층에서 물러났지.

ㅂ

배흘림 양식

기둥의 가운데 부분을 볼록하게 나오게 만든, 고려 시대 건축 기법

고려 시대 건축 기법의 특징으로 기둥의 가운데 부분을 볼록하게 나오게 만들었어. 기둥을 직선으로 만들면 착시 현상에 의해 기둥의 가운데 부분이 안으로 들어가 보여 건물이 전체적으로 불안전하게 보이거든. 이 문제를 해결하기 위해 사용된 건축 기법으로 배흘림 양식은 착시 현상으로 들어가는 만큼을 밖으로 나오게 만들어 전체적으로 건축물이 안정감 있게 보이도록 하지. 고려 시대 목조 건축물인 수덕사 대웅전, 부석사 무량수전, 봉정사 극락전이 배흘림 양식을 이용해 건축했어.

백련사

고려 시대 문란해진 사회와 불교계에 대한 반성을 촉구한 신앙 결사 단체

1216년 고종 때 천태종의 승려인 원묘국사 요세가 중심이 되어 결성한 신앙 결사 단체야. 이들은 무신정변 이후 문란해진 사회와 불교계에 대한 자각과 진지한 반성을 촉구했지.

무신 정권기에는 불교계에 대한 비판이 나오면서 신앙 결사 운동이 활발하게 전개되었어. 요세는 한때 지눌의 수선사에서 활동하기도 했으나, 천태교로 사상을 전환하면서 1211년 희종 때 만덕산에 사찰을 세우고 백련사를 조직했지. 백련사는 잘못을 참회하여 죄를 없애는 '참회멸죄'와 정토에 태어날 것을 기원하는 '정토구생'을 주장했어. 이런 수행 방법은 지눌의 주장보다 더 대중적이었어. 그래서 지식 계층을 대상으로 하면서도 농민이나 천민 등 일반 백성들을 널리 포용하려는 면이 많았어. 백련사는 이후 최씨 무신정권과 밀접한 관계를 맺으며 8국사를 배출해 크게 번성했지.

백정

고려 시대 농민층

고려 시대 평민층 대부분은 농민이었는데, 고려 시대 농민을 보통 '백정'이라고 불렀어. 이들은 농업에 종사하지만 군역의 의무는 없는 신분층이야. 하지만 국가에 큰 위기가 닥칠 때는 자주 군역에 동원되었어. 비록 군역의 의무는 없었지만 일반 잡역의 의무는 있었기에 국·공유지를 경작하거나 성을 쌓을 때 자주 동원되었어. 하지만 이후에 의미가 변화하여 조선 시대에는 가축을 잡는 사람들을 백정이라고 불렀지.

벽란도

고려 시대 국제 무역항

황해도 예성강 하류에 위치한 고려의 국제 무역항으로 고려 수도인 개경과 가까웠어. 예성강 어귀의 벽란도는 수도인 개경과 가깝고 수심이 깊어 국제항으로 성장할 수 있는 조건을 갖추었지. 고려는 송나라, 일본뿐만 아니라 아라비아 상인과도 벽란도에서 활발한 교역활동을 했어. 아라비아 상인들에 의해 고려가 'Corea'로 소개되면서 현재 우리나라의 영문 이름인 'Korea'가 탄생된 거야. 아라비아 상인들은 벽란도를 통해 개경에 들어와 수은, 향료 등을 팔고, 금과 비단 등을 사갔어.

변발

두발을 땋아 늘인 중국 북방 민족의 머리 모양

몽골과 만주 민족의 고유한 풍습으로, 남자의 머리를 뒷부분만 남기고 나머지 머리카락을 전부 깎아 뒤로 길게 땋아서 늘어뜨린 머리 모양이야.

별무반

윤관이 여진족을 정벌하기 위해 조직한 군대

1104년 숙종 때 윤관이 여진족을 정벌하기 위해 조직한 특수부대야. 고려군은 당시 보병 위주로 이루어졌는데, 만만하게 보았던 여진족 군대가 기병 위주로 조직되어 그들을 정벌하기가 쉽지 않았어. 이에 윤관의 건의에 따라 기병 부대인 신기군, 보병 부대인 신보군, 승병 부대인 항마군으로 구성된 별무반을 편성하고 여진을 정벌하여 동북 9성을 쌓았지.

병마사

고려 시대 군사 행정 구역인 양계에 파견한 지방 관리

고려 시대 군사 행정 구역인 양계(국경선 부근에 설치한 북계와 동계)에 파견한 지방 관리를 말해. 989년 성종 때 처음으로 생겼어. 고려 시대 지방 행정 조직은 5도와 양계로 나뉘었는데, 5도는 행정 구역으로 안찰사를 파견했고, 양계는 군사 구역으로 병마사를 파견했지.

보문각

고려 시대 궁궐 안에 설치한 학문 연구 기관

1116년 예종 때 궁궐 안에 설치한 학문 연구 기관으로 경연(임금이 학문을 닦기 위해 신하들 중에서 학식과 덕망이 높은 사람을 궁중에 불러 유학 경서를 강론케 하는 일)과 장서 보관을 담당했어. 1275년 충렬왕 때 '보문서'로, 1298년에는 '동문원'으로 명칭이 바뀌었다가 1332년 충숙왕 때 다시 보문각으로 돌아왔어. 충렬왕 이후에는 제 기능을 발휘하지 못하다가, 조선이 건국되고 1420년 세종 때 집현전에 통합되었어.

보승

고려 시대 중앙군인 6위를 구성한 단위 부대

고려 시대 중앙군인 6위(수도 경비를 맡았으며 직업 군인으로 구성됨)와 지방군인 주현군(5도의 수비를 담당했으며 지방의 치안을 유지하고 노역에 동원됨)을 구성한 단위 부대야.

보현십원가

균여대사가 지은 향가

고려 초기 균여대사가 지은 향가야. 균여대사는 불교의 대중화를 위해 〈화엄경〉에 실린, 보현보살이 10가지 행실을 소원한다는 내용을 백성들이 이해하기 쉽게 11수의 노래로 지었어. 고려 광종 때 지은 것으로 추정되는 이 향가는 경남 합천 해인사에 보관된 판본에 실려 있어. 또한 《삼국유사》에 수록된 14수의 향가와 함께 현재까지 전해지는 향가이며, 고려 시대 향가의 연구와 해독에 귀중한 자료로 남아 있지.

봉사 10조

최충헌이 명종에게 올린 10개의 개혁안

1196년 명종 때 최충헌이 동생 충수와 함께 이의민을 살해하고 정권을 잡은 후 명종에게 올린 10개의 개혁안이야. 주로 폐단이 많았던 정치를 시정하고 왕의 반성을 촉구하는 내용이지. 하지만 당시 타락한 정치를 개혁하려는 목적 외에도 최충헌 형제의 정치적인 세력을 확보하기 위한 목적도 있었어.

봉정사 극락전

고려 후기의 목조 건축물

국보 15호로 지정된 고려 후기의 목조 건축물로, 현재 우리나라에 보존된 가장 오래된 목조 건축물이야. 경상북도 안동군 봉정사 경내에 있으며, 고려 건축물의 특징인 배흘림 양식과 주심포 양식을 사용했어.

부석사 무량수전

고려 시대 목조 건축물

우리 나라에 현존하는 목조 건축물 중에서 두 번째로 오래된 것으로 국보 제18호로 지정됐어. 경상북도 영풍군 부석사에 소재해. 무량수전은 사찰의 옆면과 앞면의 비율이 1 : 1.62로 완벽한 황금분할을 이루고, 공포를 기둥 위에만 간결하게 올린 모습을 하고 있어. 신라 시대에 처음 세워졌지만, 고려 시대에 다시 지었어. 기둥 위에만 공포를 얹은 주심포 양식이 잘 남아 있고, 기둥은 배흘림 양식으로 지어서 고려 시대 건축 특징이 잘 드러난 작품이야.

북진 정책

고려 시대 영토를 북쪽으로 확장하려는 정책

후삼국을 통일한 태조 왕건은 건국 직후부터 옛 고구려의 영토를 회복하려는 의지가 확고했고, 이에 따라 옛 고구려의 영토를 차지한 거란을 적대시했어. 그래서 고구려의 수도였던 서경(평양)을 북진 정책의 전진 기지로 삼아 꾸준히 북쪽으로 영토를 개척했지. 그 결과 청천강에서 영흥만에 이르는 지역까지 영토를 넓혔어.

사고

고려와 조선 시대 실록을 보관한 국가 서고

고려 후기와 조선 시대의 국가 역사 기록물, 중요한 서적, 실록을 보관한 국가의 서고를 말해. 고려는 건국 초기부터 사관(후에 춘추관)을 두어 국사를 편찬하고 보관하는데 힘을 기울였지. 고려는 실록을 편찬했지만 많은 전쟁을 치르면서 소실되자 1227년 고종 때 〈명종실록〉을 해인사에 보관하는 등 실록 보관에 힘을 썼어. 조선도 고려의 이런 제도를 이어받아 태조 때부터 춘추관과 실록보관소를 설치하여 역대의 실록을 보관해왔어.

사성 정책

고려 태조 왕건이 호족에서 '왕' 씨 성을 하사하여 우대해 주는 정책

사성은 '성을 내린다'는 뜻으로, 태조 왕건이 지방의 유력한 호족에게 자신의 성인 '왕' 씨 성을 하사하여 왕족으로 신분을 높여 주고, 관직이나 토지를 주어 그들을 우대해 주는 정책이야. 이 정책으로 호족들이 태조를 적극적으로 지지하여 고려 초기 나라를 안정적으로 운영하는 데 도움이 되었어. 특히 태조 왕건은 발해 세자 대광현이 수만 명의 발해 유민을 이끌고 고려로 망명하자 '왕' 씨 성을 내리고 후하게 대했지.

사심관 제도

호족 출신인 고위 관리를 출신 지방의 관리(사심관)로 임명하는 제도

호족 출신인 고위 관리에게 출신 지방을 관리하고 통제하는 책임을 부여한 제도야. 이 제도는 고려 태조 때 신라의 마지막 왕인 경순왕을 경주의 사심관으로 임명하고, 경주 지방의 자치를 감독하게 한 데서 시작했지. 이후에는 고려의 개국공신도 출신 지방의 사심관으로 임명하여 고려 초기 어수선한 민심을 수습하고 지방 세력을 회유시켰어. 만약

ᄂ
ᆫ

9 : 고려 **191**

지방에서 반역이 발생하면 사심관으로 임명된 관리에게도 연대 책임을 물어 지방 세력을 약화시키려 한 목적이 있지. 기존의 호족 세력을 신생국 고려 왕조의 관리로 임명함으로써 이들의 불만을 최소화하면서 지방 호족 세력을 약화시키고자 실시한 정책이야.

사원전

사찰에 지급한 토지

고려 시대 사원(절)은 국가에서 받은 토지 외에도 국왕과 귀족, 일반 백성 등 신도들이 시납한 토지도 많았어. 국가에서 사찰(절)에 지급한 사원전은 세금을 납부하지 않는 면세 특권이 있었지. 사원(절)은 사원전의 경영을 통해 얻은 경제적 이득을 고리대에 투자해 막대한 경제력을 지니고 장사를 통해 영리에 지나치게 치중하는 등 고려 사회에 문제를 야기했어.

사략

고려 시대 이제현이 쓴 역사책

1357년 공민왕 때 이제현이 성리학적인 유교 사관에 입각해서 쓴 역사책이야. 고려 후기 성리학이 전래된 후 정통 의식과 대의 명분을 중시하는 성리학적 유교 사관이 대두되었는데, 〈사략〉은 이러한 역사관에 영향을 받아 서술된 책이지. 현재 전해지지 않기 때문에 자세한 내용은 알 수 없어.

사학 12도

고려 시대 개경에 있었던 유명한 12개 사립 학교

고려 중기 최충이 세운 우리나라 최초의 사립 학교인 9재 학당의 영향을 받아 유신들이 개경에 세운 유명한 12개 사립 학교를 말해. 당시 귀족 자제들은 공립 학교인 국자감보다 사학에 많이 몰려들었어. 그러자 관학 교육인 국자감이 위축되어 예종 때는 관학을 진흥시키기 위해 국자감에 전문 강좌를 마련하고 장학 재단인 양현고를 설치했어.

삼국사기

고려 시대 김부식이 지은 고구려·백제·신라 삼국에 관한 역사책

1145년 인종 때 김부식이 왕의 명을 받아 사마천의 〈사기〉를 모방하여 기전체로 서술한 삼국에 관한 역사책이야. 고려 시대에는 유학이 발달하면서 많은 역사서가 편찬되었어. 그 중 현재 전해지는 우리나라 역사서 가운데 가장 오래된 책으로 역사적 가치가 매우 높아.

김부식의 주도 하에 11명의 학자가 참여하여 편찬했어. 신라, 고구려, 백제 삼국의 역사가 기록되어 있으며, 유교적 합리주의 사관에 기초하여 신비적이고 기적적이며 비현실적인 이야기는 빼고 어느 누가 봐도 타당한 이야기들을 간추려 편찬했어. 또한 김부식이 경주 김씨로 신라파였기 때문에 고려의 신라 계승 의식이 반영되어 있지.

책 구성은 왕을 다룬 본기 28권, 풍속을 다룬 지 9권, 연표 3권, 신하를 다룬 열전 10권으로 이루어졌어.

삼국유사

고려 시대 일연이 지은 고구려·백제·신라 삼국에 관한 역사책

고려가 원나라의 간섭을 받던 충렬왕 때 일연 스님이 신라, 고구려, 백제 삼국에 관해서 쓴 역사책이야. 이 시기는 몽골과의 전쟁으로 국토가 황폐해지고, 왕권이 약해 권문세족에게 왕이 무시당하는 일이 다반사로 일어났어. 일연은 국난을 겪은 고려 백성에게 희망을 주고자 단군 신화를 서술해서 우리 나라 역사의 시작을 고조선까지 끌어올렸어.

〈삼국유사〉는 〈삼국사기〉와 더불어 현존하는 우리나라 역사책 중 최고봉으로 꼽히지. 특히 단군 신화가 실려 있는 가장 오래된 우리나라 역사서야. 〈삼국유사〉는 일연이 혼자의 힘으로 쓴 역사서이기 때문에 〈삼국사기〉처럼 문장이 훌륭하지는 않아. 하지만 〈삼국사기〉에 일부러 싣지 않거나 소홀히 넘어간 사실도 많이 실려 있어. 예를 들어 단군 신화를 비롯한 고대의 신화와 야사, 삼국과 고조선, 삼한, 사군, 낙랑, 발해 등 여러 나라의 역사를 구석구석 다루었지. 또한 각종 신화, 옛부터 전해오는 풍속·신앙·노래·설화·생활·전설 등과 고구려·백제의 비문들, 백성들 사이에 전해져 내려오는 이야기, 절이나 탑에 관한 이야기가 실려 있어서 당시 사회와 사람들을 이해하는 데 소중한 자료가 되고 있어. 특히 '향가' 라는 삼국 시대의 가요 14수를 기록해 놓아 매우 중요한 자료로 활용되고 있어.

《삼국유사》는 주로 역사적 사실을 다룬 상권인 1, 2권과 불교 사실을 다룬 하권 3, 4, 5권으로 구성되어 있지.

삼별초

고려 무신 정권기의 특수 군대

고려 시대 무신 정권기의 특수 군대로, 1219년 고종 때 최우가 치안 유지를 위해 설치한 야별초에서 유래한 군대야. 별초란 '용감한 병사들로 조직된 선발군'이라는 뜻이지. 야별초는 후에 병력이 증가하며 좌별초, 우별초로 나뉘었고, 몽고군에 포로로 잡혔다가 탈출한 병사들로 구성된 신의군, 세 부대를 합쳐 삼별초라고 불렀지. 삼별초는 국가의 공식적인 군사 기구로 몽골과의 전쟁 때 앞장서서 몽골군과 싸웠으나, 최씨 무신 정권을 수호하는 사병 집단의 성격도 지니고 있었어. 즉 무신정권의 군사 기반임과 동시에 몽골과의 전쟁에서 주력 부대로 활약했지. 몽골과의 전쟁 중 새로 왕이 된 원종이 개경으로 환도를 결정하자, 이에 반발하여 고려 정부와 몽골 연합군을 상대로 끝까지 대몽 항쟁을 벌였어. 삼별초 부대는 강화도에서 새 왕을 추대하고 근거지를 진도, 후에 제주도로 옮겨가 끝까지 항쟁했지만 1273년 제주도에서 고려와 몽골 연합군에 의해 최후를 맞이했지.

삼사

고려 시대 화폐와 곡식의 출납에 대한 회계를 담당한 관청

고려 시대에 국가의 재정을 담당한 관청으로 화폐와 곡식의 출납에 대한 회계를 담당했어. 중서문하성, 중추원과 함께 중요한 권력기구를 이루었지. 조선 시대에는 국왕의 권한을 견제하는 기관인 사간원(간쟁), 사헌부(감찰), 홍문관(문필)을 합쳐 부르는 명칭으로 바뀌었어.

삼한중보

고려 시대에 사용한 화폐

고려 시대에 사용한 동전으로, 지름 23~25mm 정도의 원형 모양에 정사각형의 구멍이 가운데에 뚫려 있고 상하·좌우에 '삼한중보'라는 글자가 새겨져 있어. 1102년 숙종 때 의천의 건의로 '주전도감'을 설치해 여러 화폐를 제조했는데 이때 만들어진 것으로 추정하고 있지.

삼한통보

고려 시대 화폐

고려 시대에 사용한 동전으로, 지름 23~25mm 정도의 원형 모양에 정사각형의 구멍이 가운데에 뚫려 있고 상하·좌우에 '삼한통보'라는 글자가 새겨져 있어. 고려 시대에는 주전도감에서 해동통보, 삼한통보, 삼한중보 등의 화폐를 제조했는데, 이 중 삼한통보가 처음으로 주조된 것으로 추측해.

상감 청자

고려 후기 상감 기법으로 제작한 청자

고려 시대 공예 작품 중 최고봉을 꼽으라 하면 단연 고려 청자를 내세울 수 있어. 고려 시대에는 송나라에서 들여온 도자기 기술을 발전시켜 청자를 많이 제작했어. 청자는 철분이 조금 섞인 백색 흙으로 만든 것을 원료로 해서 유약을 입힌 후 1250~1300도의 가마에서 구워낸 자기를 말해. 유약의 색은 비취색과 비슷한데, 초록이 섞인 푸른색을 띠고 있지. 통일 신라 말기에 처음으로 제작된 후 고려 시대에 기술을 더욱 발전시켜 세련되면서도 화려한 미를 자랑하는 고려 청자가 탄생했어.

순청자를 한창 제작하다가 12세기 중엽부터 상감 기법으로 만든 상감 청자를 제작했어. 도자기에 무늬를 내는 기법 중 하나인 상감법은 그릇 표면에 문양이나 그림을 새기고, 그 자리에 백토, 흑토, 적토 등 다른 색의 흙을 정교하게 메워 색과 모양을 내고 초벌구이를 한 후에 청자유를 입히고 한 번 더 가마에서 굽는 방식이야. 이 창의적인 기법으로 고려 후기의 청자는 더욱 화려해진 아름다움을 갖게 되었어. 고려 청자는 오묘한 비취색의 아름다움과 상감 기법을 사용한 독특한 무늬, 우아한 그릇 모양 등을 갖춘 귀족 문화의 대표적인 예술품으로 꼽을 수 있어.

상서성
고려 시대 6부를 거느리고 행정 실무를 담당한 기관

고려 시대 중앙 정치 기구인 2성(중서 문하성과 상서성)의 한 축으로 오늘날의 행정부와 같은 역할을 하는 기관이야. 이, 병, 호, 형, 예, 공의 6부를 거느리고 국가의 행정 실무를 담당했어.

상정고금예문
고려 시대 법령과 도덕 규범을 모아 편찬한 책

고려 시대 법령과 도덕 규범 등 고금의 예문을 모아 편찬한 책으로 〈고금상정예문〉이라고도 불러. 고려 인종 때 학자 최윤의가 왕명을 받아 1147년부터 1162년까지 공포된 법령과 도덕 규범을 모아 편찬했어. 모두 50권으로 이루어졌다고 하나 지금은 전해지지 않아. 그러나 고려 고종 때 문인 이규보가 엮은 〈동국이상국집〉에 이 책을 1234년 고종 때 최우가 금속활자로 28부를 찍어내어 여러 관청에 배부했다는 기록이 있어. 세계 최초의 금속 활자본으로 추정되고 있지.

상평창

고려와 조선 시대 물가 조절 기관

물가를 조절하는 기관으로, 곡식이나 옷감의 가격을 적정하게 조정하는 역할을 했어. 풍년이 든 해에 곡물이 흔해서 가격이 떨어지면 시가보다 값을 올려서 사들여 저축해 두었다가, 흉년이 든 해에 곡물이 귀해 가격이 오르면 시가보다 싼 가격으로 내다 팔아 물가를 조절했어. 이런 방법으로 백성들의 경제 생활을 안정시켰지.

서경권

고려와 조선 시대의 왕권을 견제하기 위해 마련한 제도

왕권을 견제하기 위한 제도로 '대성권'이라고도 불러. 고려 시대에는 중서 문하성의 낭사와 어사대가, 조선 시대에는 사헌부와 사간원이 담당했지. 임금이 관리를 임명할 때 해당 관리와 친인척의 행적을 조사하여 관리 임명에 동의권을 행사하고, 법령을 제정하거나 개정할 때 임금이 독단적으로 처리하지 못하게 법령을 잘 살펴 동의권을 행사했어.

서리

고려 시대 말단 행정을 담당한 계층

고려 시대 중앙과 지방 관청에서 잡무나 관료를 보조하는 업무 등 말단 행정을 담당한 계층이야. 고려 시대 중간 계층으로 하급 관리 정도였으며 '아전'으로 부르기도 했어.

서방

고려 무신정권기 문신과 유학자들에게 정치적 자문을 얻기 위해 설치한 기구

무신정권기 최우가 집권할 때 문학에 뛰어나고 시문을 잘 짓는 문신과 유학자들에게 정치적 자문을 얻기 위해 설치한 기구야. 서방은 문신들을 포섭·회유해서 무신 지배 체제의 단점을 보완하려 했지. 문신들을 3개의 반으로 편성하여 번갈아 서방에 숙직시키며 정치적 자문을 구했어. 고려 후기의 대표적인 문장가인 이인로, 이규보, 최자 등이 서방에서 배출되었단다. 교정도감, 도방, 삼별초, 정방과 함께 최씨 무신정권의 중심 기구였다가 무신정권이 몰락하면서 서방도 함께 폐지되었지.

서적포

국립 대학인 국자감에 설치한 출판부

1101년 숙종 때 국립 대학인 국자감에 설치한 출판부를 말해. 비서성 (축문과 경적을 맡아본 관청)에 보관된 서적이 많이 훼손되고, 당시 최충의 문헌공도를 비롯한 사학이 번성하여 상대적으로 위축된 관학을 진흥

시키고자 하는 목적으로 설치했어. 비서성에 소장되어 있던 모든 서적을 서적포로 옮겨 인쇄하고 보급했단다.

선명력
고려 시대 사용한 역법

고려 시대의 역법으로, 중국 당나라 때 서앙이 만들었어. 1년을 365.2446일, 1개월을 29.53059일로 계산해 당시 문헌에서는 선명력을 가장 훌륭한 역법이라 평가했단다. 우리 나라에서는 통일신라 후기부터 충렬왕 때까지 약 400년 간 선명력이 쓰였고, 이후 충선왕 때 최성지가 원나라의 곽수경이 만든 수시력을 들여온 후부터는 수시력이 널리 쓰였어. 하지만 일식, 월식을 계산할 때는 조선 시대에도 선명력을 사용했지.

섬학전
고려 시대 국학생의 학비를 보조하기 위해 설립한 장학기금

고려 말 국립 대학인 국학(예전의 국자감)이 날로 위축되고 재정 상황이 곤란해지자, 국학생의 학비를 보조하기 위해 설립한 장학기금이야. 1304년 충렬왕 때 국학이 쇠퇴해 가는 것을 걱정한 안향이 재상들에게 건의해 설치되었고, 관리들의 품위에 따라 포를 내게 하여 장학기금으로 삼았어. 장학기금을 다 써버린 양현고에 귀속시켜 '섬학고'라 하고 그 이자로 학교를 운영하도록 했어. 또 일부 자금으로 박사 김문정을 중국에 보내 공자와 그 제자들의 상을 그려 오게 하고, 많은 서적도 구해오도록 했어.

성리학

인간의 심성과 우주의 원리에 대해 철학적으로 탐구하는 신유학

중국 남송의 주희가 집대성한 학문으로, 인간의 심성과 우주의 원리에 대해 철학적으로 탐구하는 신유학이야. 성리학의 뿌리인 유학은 유교와 거의 비슷한 의미로 쓰이는데, 유학은 학문적인 측면을 강조하고 유교는 종교적인 의미가 좀 더 강하다고 볼 수 있어. 유학은 중국 사상의 근간을 이루는 학문으로, 춘추전국 시대 공자에 의해 성립되었으며, 인과 예 등 도덕사상에서 출발했어. 시대 흐름에 따라 유학은 사상적인 체계가 심화, 발전되고 연구 방법이나 접근 방법도 변화했지.

성리학이 우리 나라에 전해진 것은 고려 말 충렬왕 때야. 중국 원나라에서 성리학이 크게 유행했던 유학이었는데, 원 간섭기에 원과의 교류가 활발해지면서 원에서 활동한 고려 지식인들이 성리학을 수용했어. 원나라에 갔던 안향이 〈주자전서〉를 가져와 연구하면서 성리학이 고려에 소개되었지. 안향은 유학 교육 진흥을 위해 국학에 장학 재단인 섬학전을 설치했고, 백이정은 10년 동안 원나라에 유학을 다녀와 이제현에게 성리학을 가르쳤어. 이 가르침이 이곡, 이색에게 전승되어서 마침내 정몽주, 권근, 정도전에게까지 연결되었지. 이후 유학자들이 성리학을 수용하면서 합리적, 윤리적인 사상으로서 성리학이 새로운 학풍을 이루게 돼.

대표적인 성리학자로는 이색, 정몽주, 길재, 정도전 등이 있어. 이색, 정몽주, 길재 등의 학자는 고려 말 불교의 타락을 지적하고 성리학을 기반으로 고려 사회를 개혁해야 한다고 주장했으나 정도전, 하륜, 권근 등의 학자는 여기서 더 나아가 법의 제정

과 기본 국가 정책의 결정을 통해 유교를 근간으로 삼는 새로운 왕조를 성립하자는 주장을 펼쳐 조선 왕조가 탄생하는 원동력을 이루었어. 앞에 소개한 정몽주, 길재 등을 '온건파 신진사대부'라 부르고, 새로운 왕조의 건설을 주장한 정도전, 권근 등을 '급진파 신진사대부'라고 불러. 결국 두 갈래로 나뉘어졌지만 온건파든 급진파든 고려 후기 사회의 개혁을 주장한 신진사대부의 사상적인 기반은 성리학이었어.

속장경

대각국사 의천이 만든 대장경

1096년 숙종 때 승려 대각국사 의천이 10여 년에 걸쳐 만든 대장경으로, 초조대장경(고려대장경)을 편찬할 때 누락된 자료를 수집하여 편찬한 불경이야. 의천은 송나라·거란·일본 등에서 3,000여 권의 불서와 경전 등을 구하다가 흥왕사에 교장도감을 설치하고 속장경을 펴냈어. 고려 말 초조대장경과 함께 대구 부인사에 보관됐으나, 13세기 몽골의 침입으로 불에 타 소실되고 활자본의 일부와 목록인 47권만 순천 송광사와 일본 나라현 동대사에 전해지고 있어.

속현

고려 시대 지방관이 파견되지 않았던 지방 행정 구역

전국의 여러 지역 가운데 작고 중요성이 덜한 지역을 '속현'이라 칭해. 지방관이 파견된 주현에 속해 행정을 맡아보게 했던 구역이야.

고려 시대에는 지방관이 파견된 주현보다 속현이 2~3배 더 많았어. 하지만 실질적으로 지방관이 속현까지 신경을 쓰지 못했기 때문에, 속현의 실질적인 행정(세금 징수 등)은 향리가 맡아보았어. 향리는 지방의 호족 출신으로 그 마을에 대해 잘 파악하고 있었기 때문이지.

수선사
보조국사 지눌이 만든 혁신적인 불교 신앙 결사 단체

고려 후기 승려 보조국사 지눌이 만든 혁신적인 불교 신앙 결사 단체인 동시에 사찰의 이름이기도 해. 불교의 타락과 세속화를 비판하고 잘못을 혁신하려는 취지에서 일어난 신앙 결사 운동이지. 고려는 불교를 국교로 삼았는데, 수행을 통해 중생을 구제한다는 부처님의 가르침을 멀리하고 종교적 명분을 지키는 데에만 급급했어. 게다가 왕실과 결탁하여 세속적인 명예를 얻으려는 승려가 많이 나타났고, 세속적인 이익만 추구하는 사람들이 많아지자 뜻있는 승려들이 모여 수선사를 통해 불교 혁신 운동을 시작한 거야. 지눌의 수선사 결사는 정혜쌍수, 즉 불교 수행의 핵심을 이루는 선과 지혜를 함께 닦자는 실천 운동으로, 타락한 불교를 깨끗이 정리하고 수행 불교와 정법 불교로 돌아가자는 주장이지.

승선
고려와 조선 시대 중추원에 소속되어 왕명의 출납을 담당한 관직

이들은 모든 벼슬아치들이 임금에게 올리는 모든 문서를 접수·검토하여 왕에게 전달하고, 왕명도 하달했어. 따라서 승선을 임금의 몸이라 하

여 용후라고도 불렀지. 또한 어떤 일에 대해 왕의 지시를 받으려 할 때는 승선과 상의해 허락을 받은 후에 왕에게 상주할 수 있었어. 이처럼 승선은 안건의 전달 여부를 결정하는 권한을 가진 요직이었기에 '내상'이라고도 불렀지. 고려 시대에는 무신정권 이후 정방이 설치되면서부터 공식적으로 인사행정까지 맡아 큰 권한을 행사했어.

승선은 학식이 높고 구사하는 언어가 분명하며 행실이 민첩하고 단정한 인물 중에서 선발했어. 그러므로 대부분 가문이 좋고 과거에 합격한 사람이 임명되었지. 또한 장래가 보장되는 명예로는 요직 중의 하나였단다.

시무 28조

고려 시대 최승로가 유교 이념에 따라 성종에게 올린 정치 개혁안

982년 성종 때 신라 6두품 출신의 후예인 최승로가 나라에 필요한 정책을 28개 조항으로 정리해서 성종에게 올린 정치 개혁안이야. 성종은 신라와는 다른 고려만의 색깔을 찾기 위해 5품 이상의 모든 중앙 관리들에게 정책 건의안을 올리라고 명을 내렸지. 최승로는 시무 28조를 통해 유교 사상을 근본으로 삼아 나라를 다스려야 한다고 강조했어. 또한 지방관의 파견과 관리의 공복 제정 등 고려가 중앙 집권 국가를 다져가는데 필요한 내용도 담았지. 그리고 중국의 문물을 무조건적으로 수용하지 말아야 한다는 자주적 입장도 건의했어. 성종은 최승로의 시무 28조를 적극적으로 정책에 반영하면서 고려 사회를 중앙 집권 체제인 유교 정치 국가로, 다져나갔지.

〈시무 28조의 일부 내용〉

:: 우리 나라에서는 봄에 연등회를 개최하고 겨울에는 팔관회를 열어서 사람들을 동원하여 힘든 일을 많이 시키니, 원컨대 이를 줄여서 백성들이 힘을 펴게 하십시오. (13조)

:: 임금께서 겸손한 마음을 가지고 항상 조심하고 두려워하며 신하를 예로써 대우할 때 신하는 충성으로써 임금을 섬기는 것입니다. (14조)

:: 불교를 믿는 것은 자신을 다스리는 근본이며, 유교를 행하는 것은 나라를 다스리는 근원을 구하는 것입니다. (20조)

-고려사

식목도감

고려의 독자적인 회의 기구

고려시대의 회의 기구로, 중서문하성과 중추원의 고위 관료들이 모여 고려의 법제와 격식 제정을 의논한 정치기구야. 고려는 중국 당나라의 3성 6부제를 바탕으로 중앙의 정치 조직을 구성했는데, 여기서 벗어나 고려만의 독자적인 색깔을 지닌 두 개의 회의기관이 도병마사와 식목도감이야. 도병마사는 대외적인 국방과 군사문제를 관리했고, 식목도감은 대내적인 법제와 격식을 관장했지. 두 기관은 고려만의 독자적인 성격을 띠고 있을 뿐만 아니라 귀족들의 회의, 합의 기구로서 귀족적인 성격도 지니고 있어.

중국에서 고려를 거쳐 일본으로 향하던 중국의 무역선

중국에서 고려를 거쳐 일본으로 향하던 중국의 무역선이야. 여기서 송, 원 시기의 도자기와 고려청자, 동전 꾸러미 등이 발견되었는데, 이를 통해 당시 무역품과 무역의 규모를 짐작할 수 있지. 신안 앞바다에서 찾았다 하여 신안선이라는 이름을 붙인 거야.

신진사대부

권문세족의 횡포를 비판하면서 고려 개혁을 주장한 고려 후기 지배층

고려 말에 등장한 새로운 지배층으로, 권문세족의 횡포를 비판하면서 고려 사회의 개혁을 주장한 세력이야. 고려 후기 권문세족의 횡포로 사회가 혼란을 겪고 있을 때, 공민왕은 개혁 정책을 추진하여 권문세족의 힘을 약화시키고 왕권을 강화하려 했어. 신진사대부는 공민왕 때 과거를 통해 관리에 등용된 세력으로 성리학을 공부한 사람들이야. 이들은 각종 모순과 폐단으로 힘을 잃어가는 고려 사회를 개혁하기 위한 사상으로 성리학을 받아들였지. 성리학을 바탕으로 권문세족의 부패와 불교의 폐단을 비판했어.

신진사대부는 주로 지방 향리나 하급 관리 가문 출신으로, 명분과 도덕을 중시하는 성리학을 배우고 과거를 통해 중앙 관리로 진출했어. 그리고 공민왕이 개혁 정책을 추진하는 과정에서 크게 성장했지. 또한 하급 관리에게 주는 토지 정도만 소유하고 있는 중소지주로서, 대농장을 불법적으로 확대해 나가는 권문세족과 달리 청렴을 지킬 수

있었어. 또한 원과 명이 교체되는 중국의 정치적 혼란기에 명나라와의 화친을 통한 친명정책을 주장했어.

이들 중 정도전, 남은 등은 이성계를 비롯한 신흥 무인 세력과 손을 잡고 고려를 무너뜨리고 새로운 왕조인 조선을 건국하지. 이들을 '급진파 신진사대부'라고 부르고 조선 시대에 훈구파 세력으로 이어져. 반면에 정몽주, 길재 등은 고려 왕조의 테두리 안에서 개혁을 시도하자고 주장하는데, 이들은 '온건파 신진사대부'라고 해. 조선 왕조가 세워진 후 이들은 주로 지방에 내려가서 후학들을 양성하며 사림파의 기반을 닦지.

신흥 무인 세력

고려 말 홍건적과 왜구의 침략을 물리치며 등장한 무인 세력

고려 말에 북쪽 홍건적과 남쪽 왜구의 침입을 물리치면서 새롭게 등장한 이성계, 최무선, 박위 등의 무인을 말해. 이 과정에서 특히 두각을 나타낸 이성계는 급진파 신진사대부 세력과 손을 잡고 고려를 무너뜨리고 새로운 왕조인 조선을 건국하지.

쌍성총관부

원나라가 고려의 내정 간섭을 위해 설치한 관청

1258년 고종 때 원나라가 고려의 내정 간섭을 위해 철령 이북 지역을 차지하고 화주(지금의 함경도 영흥) 지방에 설치한 관청이야. 원나라는 제주에 탐라 총관부를, 철령 이북 지역에 쌍성 총관부를 두

었지. 이후에 고려는 원나라의 내정 간섭을 받아 개경 주위의 나성을 헐고, 세자를 원나라에 인질로 보내야 했어. 그러나 원나라 세력이 점차 약해지자, 1356년 공민왕은 유인우를 동북면 병마사로 임명해 철령 이북 지역을 다시 회복했어. 쌍성총관부는 폐지되고 화주목이 설치되었지. 이때 이 지역의 유지이던 이자춘(이성계의 아버지)의 공이 컸어. 이를 계기로 이성계 가족이 고려 정계에 등장하기 시작했어.

안찰사

고려 시대 5도에 파견된 지방관

고려 시대 지방 행정 조직인 5도에 파견된 지방관을 말해. 현재의 도지사나 시장에 해당되는데, 도내를 순찰하며 수령이 제대로 임무를 수행하는지, 불법을 저지르지는 않는지, 백성들이 생활하는데 어려움은 없는지 자세히 살펴 지방 행정 질서를 바로잡고 통제하는 임무를 맡았어. 5도 아래에는 주, 군, 현 등의 지방 행정 조직이 있는데, 이 지역을 포함한 도 전체를 다스리지는 않았어. 주, 군, 현에는 마을의 크기와 중요성에 따라 지방관이 파견됐지. 안찰사의 임기는 6개월로 봄·가을마다 교체되었으나 실제로는 3~4회 중임되는 예가 많았어.

양계

고려부터 조선 초기까지 설치된 특수 지방 행정 구역

고려부터 조선 초기까지 설치된 양계는 군사 행정 구역으로 특수 지방 행정 구역이지. 이민족과 국경을 접한 지역에 설정했으며, 북계(평안도 지역)와 동계(함경도와 강원도 일부 지역)로 이루어졌고 지휘자로 병마사를 파견하여 관리했지. 양계 밑으로는 진을 설치했어.

양현고
관학의 진흥을 위하여 국자감 안에 설치한 장학재단

1119년 예종 때 사학이 융성하여 위축된 관학의 진흥을 위하여 국자감 안에 설치한 장학재단이야. 고려 중기 사학 12도가 문전성시를 이룬데 반해 관학이 쇠퇴했는데, 이런 현상은 왕권의 약화로 이어지지. 이에 예종은 이전의 '국자감' 을 '국학' 으로 명칭을 바꾸고 개혁을 단행했어. 많은 학생을 수용할 수 있도록 학사를 신축하고, 학생의 교육과 국학의 재정적 뒷받침을 위해 국학 안에 양현고를 설치했지. 국자감 입학생 중에서 우수 학생에게 장학금을 지급했는데, 유학생 60명과 무인 17명을 후원했어.

어사대
고려 시대 관리의 비리를 감찰한 관청

고려 시대 정치의 잘잘못을 논의하고 풍속을 단속하며 관리의 비리를 감찰하여 근무 기강을 확립하는 역할을 담당한 중앙 관청이야. 995년 성종 때 고려 초기부터 설치된 사헌대를 확대 개편해서 어사대라고 명칭을 바꾸었어. 어사대의 가장 중요한 임무는 관리들의 권력 비리를 감시하는 것이기 때문에, 외부의 부당한 압력에도 굴복하지 않는 올곧은 절개가 요구되었어. 그래서 나라에서도 이들의 신분을 법적으로 보장했지. 어사대는 청렴이 요구되는 중요한 직책이기 때문에 임무를 수행할 학식, 집안 배경, 인품, 외모 등 여러 자격과 조건을 갖추어야 했어. 조선 시대에는 삼사(사헌부, 사간원, 홍문관)가 이 역할을 수행했어.

여진족

만주 지역에 살면서 금나라를 세운 민족

주로 발해의 옛 땅에서 부족 단위로 흩어져 살고 있던 민족이었다가 12세기 완옌부가 통일을 이루었어. 고려는 처음에 여진을 가볍게 여겼어. 여진에 식량과 농기구 등을 주며 회유하거나 약탈 등 문제를 일으킬 경우에는 군대를 동원해 정벌하기도 했지. 그러나 12세기에 통일을 이룬 후에는 세력이 강해져 천리 장성 부근까지 내려오자, 고려는 여진과 충돌하기에 이르렀어. 1107년 윤관이 별무반을 조직하여 여진 정벌에 나섰고, 동북 지역에 9성을 쌓았어. 이후에 9성을 관리하기 어려워 여진에 조공을 약속받고 이 지역을 돌려주었지. 하지만 여진은 이후 국력이 강해지자 나라 이름을 '금'이라 짓고 고려에 군신의 관계를 맺을 것을 요구했어. 당시 이자겸으로 대표되는 문벌 귀족은 여진의 요구를 받아들여, 고려와 여진은 사대관계를 맺고 고려의 북진 정책은 멈추었지. 이는 고려의 자주성에 큰 상처를 남겼어. 1234년 고종 때 금나라는 몽골족에 의해 멸망했지.

역

국가 권력으로 백성들의 노동력을 수취하는 제도

국가 권력으로 백성들의 노동력을 수취하는 제도로 궁궐, 사찰, 관아 등을 지을 때 노동력을 제공해야 하는 의무를 말해. 고려 시대 16세부터 60세까지의 남자를 정남이라고 부르며 동원했어.

역분전

후삼국을 통일하는 데 공을 세운 사람들에게 지급한 토지

940년 태조 때 후삼국을 통일하는 데 공을 세운 사람들에게 지급한 토지야. 토지를 지급하는 기준을 관직의 고하에 두지 않고, 인품과 공로에 따라 차등을 두어 토지를 지급했어. 고려의 대표적인 토지제도인 전시과 제도가 마련되기 전까지 지속되었어.

연등회

고려 시대 성행한 불교 행사

연등회는 신라 진흥왕 때 팔관회와 더불어 국가적인 행사로 시작되어 고려 시대 성행한 불교 법회야. 연꽃 모양의 등에 불을 켜놓음으로써 어두운 세계를 밝게 비춰주는 부처의 공덕을 기리고 좋은 행동을 쌓고자 하는 공양의 한 방법이지. 이날은 대궐에 많은 등을 밝히고 술과 음식을 마련하여 임금과 신하가 함께 즐기며 국가와 왕실의 태평을 빌었어. 고려 태조 때부터 정월 대보름에 행해지다가 성종 때 일부 유학

자의 반발로 잠시 중단되었어. 1010년 현종 때 부활시켜 음력 2월 15일로 행사일이 변경되었고, 1352년 공민왕 때부터 석가 탄신일인 4월 초파일에 연등회를 열었고 이 행사가 유교 국가인 조선에도 그대로 전승되었어. 현재도 매년 석가 탄신일에 전국의 사찰들이 중심이 되어 연등회 행사를 열고 있지.

왕사
고려 시대 덕행이 높은 스님에게 부여한 영예직

왕사는 고려 시대 임금의 스승이 된 승려로 덕행이 높은 스님에게 부여한 영예직이야. 968년 광종 때 탄문 스님을 왕사로 삼은 것이 시초였어. 국가적으로 모범이 되는 지위인 '국사' 보다는 아래에 있는 호칭이지만 왕사는 임금의 스승으로 모든 스님과 백성들의 존경을 받았지.

왜구
우리나라와 중국 인근 바닷가에서 약탈을 일삼은 일본 해적

우리나라와 중국 인근 바닷가에서 많은 인명과 재산을 해치고 약탈을 일삼은 일본 해적을 통틀어 이르는 말이야. 왜구에 대한 기록은 삼국 시대에도 있었는데, 특히 고려 말~조선 초에 왜구의 침략이 극심했고, 고려 말 40년 동안은 왜구 침입에 의한 피해가 커서 고려 멸망의 한 원인이 되었어. 당시 일본은 전국 시대라는 분열 시기였기 때문에, 지방 사람들이 불안한 치안을 틈타 해적 활동을 벌였어. 왜구의 약탈이 심했던 해안가 백성들은 생활을 제대로 하지 못했고, 세금으로 거두어 들인 곡식을 배로

운반하는 조운 제도가 큰 타격을 받아 국가 재정이 큰 어려움을 겪었어.

고려 때 처음으로 왜구가 침략한 시기는 1223년 고종 때였어. 당시 고려는 내부적으로 권문세족의 횡포로 정치가 문란했고, 외부적으로 중국 원나라와 명나라가 교체되는 시기라 대외관계가 복잡했고, 북쪽에서 홍건적이 침입하여 남쪽 왜구의 침략에 빠르게 대응하지 못했어. 고려는 평화적인 방법으로 왜구의 침입에 대응하고자 일본에 사절을 파견했어. 하지만 여몽 연합군(고려와 몽골족의 연합 군대)이 일본 정벌을 시도하면서 양국 관계는 악화되고 말았지. 왜구를 소탕하는 데 공이 컸던 사람들은 최영, 최무선, 이성계 등이야. 특히 최무선은 화통, 화포 등 화약 무기를 제조해 왜선 5백 척을 격파하는 큰 승리를 이끌어 내었지.

외역전(향리전)

고려와 조선 초기에 지방 행정 실무를 담당했던 향리에게 지급된 토지

고려와 조선 초기에 지방 행정 실무를 담당했던 향리에게 지급된 토지야. 고려의 건국 과정에서 중요한 역할을 했던 지방 호족 세력 중에서 중앙에 관료로 진출하지 않고 지방에 남아 지방 통치의 일부를 담당했던 사람들이 향리로 활동했어. 향리는 국가 권력의 말단에 위치해 있었지만, 백성들을 상대로 직접 조세, 공납, 역의 수취를 했기 때문에 국가 재정과 지방 통치에서 중요한 역할을 담당했어. 국가는 이들에게 임무 수행에 대한 보수로 일정한 토지를 지급했어. 향리직은 자손에게 세습되었기 때문에 자연스럽게 외역전도 세습될 수 있었지. 조선 시대에는 향리가 직무에 대한 대가를 전혀 받지 못했는데, 고려 시대에는 외역전을 지급받은 사실로 미루어 당시 향리의 사회적 지위를 짐작할 수 있어.

요동 정벌

옛 고구려 영토인 요동 지방을 되찾으려 한 고려 말의 군사 정책

고려 말에 원나라의 세력이 약해진 틈을 이용해 옛 고구려 영토인 요동 지방을 되찾기 위해 추진한 군사정책이야. 공민왕 때 원나라가 약해진 정세를 이용해 철령 이북지역을 점령했는데, 1388년 우왕 때 명나라가 이 지역의 소유권을 주장했어. 이런 명나라의 요구에 반발하여 최영은 요동 정벌을 추진했지만, 이성계의 위화도 회군으로 실패했지. 조선이 건국된 이후에도 명나라와 조선 사이의 외교 관계가 매끄럽지 않자, 정도전이 요동 정벌을 다시 추진했어. 하지만 1398년 태조 때 이방원이 정도전을 제거했고, 요동 정벌도 함께 중단되었어.

월정사 8각 9층 석탑

고려 시대 석탑

강원도 평창군 오대산 월정사에 있는 고려 전기의 석탑으로 국보 제48호로 지정되어 있어. 이 석탑은 다층, 다각 석탑이라는 특징을 보여주는데 당시의 유행에 따른 모습이지. 통일신라 시대는 주로 3층 석탑을 지었으나, 고려 시대는 신라의 석탑 양식에서 벗어나 여러 형식의 석탑을 만들었음을 알 수 있어.

위화도 회군

요동 정벌을 떠났던 이성계가 위화도에서 군대를 돌려 개경으로 돌아간 사건

1388년 우왕 때 요동 정벌을 떠났던 이성계가 압록강 유역의 작은 섬 위화도에서 군대를 돌려 개경으로 돌아간 사건이야. 위화도 회군을 단행한 이성계는 개경으로 돌아와 최영을 귀양 보내고, 우왕을 왕위에서 물러나게 하여 9세의 창왕을 앉혀 실질적인 정권을 장악하고, 급진 개혁파 신진사대부와 손잡아 역성 혁명(성을 바꾸어 왕조를 교체한다)을 감행하여 조선을 건국했지.

고려는 원나라를 멸망시킨 명나라와 초기에 좋은 관계를 맺었어. 그런데 명나라가 예전에 공민왕이 회복했던 철령 이북의 고려 땅을 되돌려달라는 요구를 했지. 고려 조정에서는 명의 요구를 둘러싸고 격론을 펼쳤는데, 당시 높은 관직에 있었던 최영이 이를 거절했어. 더 나아가 명이 차지하고 있는 요동 지역도 원래 고구려의 영토였으니 고구려를 계승한 고려가 그 지역을 차지해야 한다며 요동 정벌을 주장했어. 하지만 이성계는 4불가론을 제시하며 요동 정벌을 반대했어. 결국 이성계는 최영의 명령에 따라 5만 명의 군사를 이끌고 요동 정벌을 떠났지만 불복종하고 위화도에서 회군했지.

〈4불가론〉

① 작은 나라가 큰 나라의 뜻을 거스를 수 없다.
② 농사가 바쁜 여름철에는 군사를 동원할 수 없다.
③ 명과 싸우는 사이 분명 남쪽에서 왜구가 쳐들어 올 것이다.
④ 장마철이라 전염병이 돌고 활의 아교가 풀어질 것이다.

고려 시대 은으로 만든 화폐

1101년 숙종 때 우리 나라 지형을 본따 은으로 만든 화폐야. 은은 예전부터 국제무역에서 화폐 구실을 했으며, 상류층에서 귀하게 사용되었는데, 표준화된 공식적인 화폐로 사용할 수 있게 된 거지. 하지만 은병 하나의 가격이 100여 필의 포와 맞먹는 고가였기 때문에, 대중적으로 통용되기 힘들고 일부 귀족들 사이에서만 유통했을 거라 추측돼.

음서 제도

국가에 공을 세운 사람이나 5품 이상의 고위 관료 자손들이 과거제를 통하지 않고 관직에 진출할 수 있도록 만든 제도

고려와 조선 시대에 아버지나 할아버지가 고위 관리였거나 개국에 공신을 세웠을 경우 그 자손들은 무시험으로 관리에 등용되었지. 음서를 통하면 일찍 관리가 될 수 있었고, 높은 관직에 오르는 경우도 있었어. 이 제도는 공음전 제도와 함께 혈통과 신분을 중시하는 고려 사회의 귀족적 특성을 보여 주면서 후에 새로운 지배 계층인 문벌 귀족의 중요한 특권이 되지. 조선 시대에는 음서보다 과거제가 더 중요시되었고, 음서로 등용된 사람은 이를 스스로 부끄럽게 생각했어. 또한 음서를 통할 수 있는 문도 좁아졌어.

응방

매를 잡고 길러서 몽골에 보내기 위해 설치한 관청

고려·조선시대 때 매를 잡고 기르기 위해 설치한 관청으로 1275년 충렬왕 때 설치했어. 응방에서 사육한 매는 몽골에 보냈지. 매사냥을 즐긴 몽골인에게 매는 중요한 재산이었는데, 고려의 응방은 몽골의 매 징발에 대한 대책이기도 하고 또 한편으로는 매사냥을 즐긴 충렬왕의 취미 때문에 만든 거야. 궁궐을 비롯한 전국 각지에 응방을 설치했는데 특히 함경도 지방이 유명했어. 응방에서는 매를 사냥·사육하여 원나라에 바치고, 왕이 사냥할 때 참가했으며, 왕과 왕비에게 향연을 자주 베풀어 총애를 받았어. 또한 경제적 기반으로 많은 토지를 받아 노비와 소작인을 거느리며 면세, 면역의 특권도 지녔어. 왕의 권력을 배경으로 한 응방의 횡포와 폐해가 심해지자 이에 대한 비판이 일어나기도 했어.

의창

고려 시대 빈민 구호 기관

고려 시대 빈민 구호 기관으로, 고구려에서 시행된 진대법의 전통을 이었지. 국가에서 평상시 곡식을 저장해 두었다가 곡식이 떨어지는 봄에 곡식을 빌려 주고 가을 추수 뒤에 갚게 한 사회 기관이야. 백성이 고리로 곡식을 빌렸다가 제때 갚지 못하면 노비로 전락하는데, 이런 현상이 잦아지면 국가는 국방상, 재정상 큰 타격을 입게 되지. 이런 문제를 예방하기 위해 의창을 실시했어.

이자겸의 난

고려 문벌 귀족인 이자겸이 궁궐을 불태우고 인종을 독살한 사건

1126년 고려 인종 때 문벌 귀족인 이자겸이 척준경과 짜고 궁궐을 불태우고 인종을 독살하려 한 사건이야. 이자겸은 80년 간 왕비와 후궁을 10명이나 배출하며 왕보다 더 큰 권력을 휘두른 외척 가문 경원 이씨 집안의 문벌 귀족이야. 이자겸은 5명의 딸 중 3명을 왕실과 혼인시켰는데, 16대 왕인 예종과 둘째 딸을 혼인시켰고, 17대 왕인 인종과 2명의 딸을 결혼시켰어. 이로써 인종은 이자겸의 사위이자 외손자가 되는 희한한 관계가 성립하지. 당시 이자겸은 매관매직을 일삼고, 왕실에서 많은 토지를 받았음에도 불구하고 백성들의 토지를 빼앗는 등 끊임없는 횡포를 부렸지. 또한 왕권을 좌우하는 큰 권세를 누리면서 자신의 권력 유지를 위해 금나라의 사대 요구까지 받아들였어.

이 시기에 '십팔자(十八子)가 왕이 된다.' 는 소문이 돌았는데, 이자겸은 이 소문이 자신이 왕이 된다는 것을 예언한다고 믿고 왕위를 노리기 시작했어. 왕비인 자기 딸에게 사주하여 사위인 인종을 두 차례나 독살하려 했는데, 그때마다 왕비가 인종을 도와주어서 실패했어. 위협을 느낀 인종이 이자겸을 제거하려 했지만 오히려 이자겸과 사돈지간인 군인 척준경의 반격으로 궁궐이 불에 타는 위기에 처했어.

인종은 이자겸과 척준경의 사이가 벌어진 틈을 이용해 난을 수습할 실마리를 잡았어. 척준경에게 과거의 일은 생각하지 말고 나라를 위해 이자겸을 제거해 큰 공을 세울 것을 간곡하게 부탁하는 교서를 내렸지. 이에 회유당한 척준경은 무력으로 이자겸을 제거했고, 이자겸의 두 딸은 폐비

가 되어 궁궐에서 쫓겨났어. 척준경 본인도 잠시 동안 권세를 누리다가 측근 세력인 정지상에 의해 제거되어 이자겸의 난은 실패로 막을 내렸지.

가장 강력한 세력을 누리던 이자겸이 몰락함으로써 귀족 내부에서는 분열이 일어나고 문벌 귀족 사회는 동요하기 시작했단다.

장경도감

고려 시대에 대장경 판각을 위해 설치한 관청

고려 시대에 대장경 판각을 위해 설치한 관청이야. 속장경을 간행하기 위한 교장도감과 팔만대장경을 간행하기 위한 대장도감 등을 말하지.

1232년 고종 때 강화도에 설치한 대장도감에서 만든 대장경판은 제주·완도·거제도의 후박나무를 원재료로 사용하고, 강화도 선원사에서 다듬어 1251년에 완성했지. 이때 판각된 대장경판의 숫자가 81,137개나 되어서 '팔만대장경'이라 부르는 거야. 여기에 남겨진 시주자의 명단에는 왕실과 관료는 물론이고 일반 백성까지 포함되어, 대장경판을 간행하는 일이 온 백성이 참여하는 거국적인 행사였음을 알 수 있어. 또한 팔만대장경은 세계에서 가장 오래된 대장경판임과 동시에 오·탈자가 없는 가장 정확한 판본으로 가치를 인정받고 있지.

장생고

고려 시대 사원에 설치한 서민 금융 기관

고려 시대 사원에 설치한 서민 금융 기관이야. '장생'은 재화를 빌려주고 그 이자를 받아서 자본을 축적한다는 의미로, 중국에서 화폐경제가 발달함에 따라 장생고 운영이 활성화되었는데, 우리 나라에서는 사원에서 이 제도를 받아들였어. 고려 시대의 사원은 왕실과 귀족으로부터 적극적인 보호를 받아 막대한 재화를 축적했어. 사원은 이를 자본으로 하여 서민 경제의 활성화를 도모하면서 불전 공양과 사찰 보수, 빈민과 병자의 구제사업에 사용하려는 목적으로 장생고를 설치했지만, 결국 사원의 이윤만을 추구하는 고리대로 전락하여 서민 금융경제의 폐해를 불러왔지. 이에 국가에서는 장생고 운영을 금지시켰으나 오히려 더 큰 규모로 운영되며, 왕실 귀족도 각각 장생고를 설치하는 부작용을 낳았어. 장생고의 이러한 운영으로 사원은 점점 물질적으로 세속화되어 불교계의 타락을 가져왔지.

재신

고려 시대 최고 정무기관인 중서문하성의 상층 조직

재신은 고려 시대 최고 정무기관이야. 중서문하성은 정2품 이상의 관원으로 구성된 상부 조직인 재신과 정3품 이하의 관원으로 구성된 하부 조직인 낭사로 이원화되었어. 재신은 상서성 6개 부의 판사가 되어 각 부를 관할하며 상서성을 중서문하성 아래에 두어 운영했어. 또한 국가의 주요 정무를 의논하여 결정하는 합의기구인 도병마사와 식목도감을 운영했어.

재인

고려·조선 시대 당시 천한 직업에 종사하던 광대

고려·조선 시대 천한 직업에 종사하던 무리 중 하나로, 일정한 거처가 없이 떠도는 유랑생활을 하며 곡예·가무·잡가 등의 활동을 하면서 생계를 이어간 광대를 말해. 이들은 온갖 재주를 부리며 풍악을 울려 잡가를 부르며 춤을 추고, 여가 시간에는 사냥과 간단한 수공업품을 만들어 팔아 생활했지. 이들은 자기들끼리 모여 집단생활을 했는데, 이 과정에서 걸식, 강도, 방화 등의 범죄를 저지르거나 고려 말에는 왜구를 가장해 민가를 약탈하기도 했어. 조선 시대 태종은 이들에게 토지를 나눠 주어 농업을 생업으로 삼도록 하고, 세종은 '백정'으로 이름을 바꾸어 천민이라는 인식을 없애기 위해 노력했어.

전민 변정도감

고려 후기 권문세족에게 빼앗긴 토지와 백성을 올바르게 바로잡는 기관

1366년 고려 후기 공민왕 때 승려 신돈을 등용하여, 권문세족에게 억울하게 빼앗긴 토지를 원래의 주인에게 되돌려주고, 억울하게 노비가 된 양인들을 원래의 신분으로 돌려주려고 설치한 관청이야. 권문세족의 횡포로 백성들의 원성은 높아졌고 국가는 제대로 세금을 걷기 힘들었지. 처음에 이 개혁정책은 과감하고 광범위하게 이루어져 일반 백성들의 지지를 많이 받았고, 신진사대부들도 긍정적으로 평가했어. 하지만 권문세족의 강력한 반발로 개혁 정책은 중단되고 고려는 쇠락의 길로 빠졌지. 이후 이성계의 과전법 실시로 토지 제

도의 개혁이 이루어졌어. 원래는 1269년 원종 때 처음으로 전민 변정도감을 두었고 이후 충렬왕, 공민왕, 우왕 때도 이 관청을 설치했어. 하지만 권문세족의 저항에 부딪혀 번번이 실패했지. 이 중 공민왕 때 신돈이 설치한 전민 변정도감이 가장 강력하고 광범위하게 개혁정책을 실시했는데 과격한 정책 실행으로 권문세족의 반발을 사 신돈은 결국 자리에서 물러났단다.

전시과

고려 시대 관직의 등급에 따라 전지와 시기를 나누어 지급한 토지 제도

고려 시대의 토지 제도로, 관리의 등급에 따라 곡물을 거둘 수 있는 토지(전지)와 땔감을 얻을 수 있는 숲이나 목초지 등 임야(시지)를 18등급으로 나누어 지급한 토지 제도야. 976년 경종 때 처음으로 시행되어 1076년 문종 때 완성되었어. 이 토지 제도로 문무 관리에서부터 군인, 한인(6품 이하 하급 관리의 자제 중에서 관직에 오르지 못한 사람)에 이르기까지 모두 토지를 지급받았어.

이는 실제로 토지를 지급한 것이 아니라, 토지에서 나오는 곡물이나 땔감을 거둘 수 있는 권리인 수조권을 부여한 것임을 꼭 알아두어야 해. 토지를 지급받은 본인이 죽거나 관직에서 물러나면 국가에 반납하는 것이 원칙이야. 전시과 제도에서 전국의 토지는 공전과 사전으로 나누어져. 공전은 국가나 관청에서 수조권을 보유한 토지이고, 사전은 개인이나 사원이 수조권을 보유한 토지야. 사전은 다시 수조권을 가진 사람에 따라 양반전, 군인전, 한인전, 향리전, 공음전, 사원전으로 나누지.

하지만 점차 귀족들이 토지를 세습하는 경향이 커지고 전시과 제도가 처음에 세운 원칙대로 운영되지 못하자, 세금을 거둘 수 있는 토지가 줄어들어 전시과는 붕괴되고 고려 말 국가 재정은 파탄에 이르렀지. 이후 과전법 제도로 토지 개혁을 단행했어.

정동행성

원나라가 고려를 동원하여 일본을 정벌하려는 목적으로 고려에 설치한 관청

1280년 고려 후기 바다에 약한 원나라가 고려를 동원하여 일본을 정벌하려는 목적으로 고려에 설치한 관청이야. 동쪽(일본)을 정벌하는 기관이라는 의미지. 하지만 두 차례의 일본 원정이 모두 태풍으로 실패하자 1299년부터 고려의 내정 간섭 기구로 성격을 바꾸어 고려 정치를 간섭하는 역할을 했어. 하지만 이는 형식적이었고, 원나라는 고려의 독자성을 나름대로 인정해 주었단다. 1356년 공민왕이 반원 자주 정책을 펼치면서 정동행성을 폐지했어.

정방

고려 무신 정권기 인사행정을 담당한 기관

1225년 고종 때 무신정권의 실세였던 최우가 관리들의 인사행정을 담당하는 기구로 설치했어. 원래 고려 시대 관리의 인사행정은 이부와 병부에서 정안(고려와 조선 시대 관료의 인사관리를 위해 작성된 기록)을 올리고 중서문하성에서 심의한 후에 임금의 재가를 받아 시행하는 것이 원칙이었지. 하지만 무신 정권기 관리의 임명과 파면, 부서 이동이 모

두 정방을 통해 이루어지면서 관리들은 높은 관직을 받기 위해 임금보다 최우에게 잘 보여야 했어. 임금은 정방이 결정한 일을 단지 승인만 하는 허수아비로 전락했지. 교정도감과 도방, 정방과 문신들의 자문 기구인 서방을 만들며 최씨 정권은 집권기를 안정적으로 다져나갔어. 14세기 공민왕이 개혁 정책을 추진하면서 정방을 폐지하고 왕권을 강화시켰어.

정용

고려 시대 중앙군인 6위와 지방군인 주현군에 있었던 부대 조직

고려 시대 중앙군인 6위(직업 군인으로만 구성되었으며 수도를 경비)와 지방군인 주현군(치안 유지, 노역 동원 등 5도를 수비)에 있었던 부대 조직이야. 정용은 외부의 침입에 대비한 방어, 내란 진압, 국방 지역의 수비를 주요 임무로 수행하였으나 각종 노역에도 동원되었어. 또한 국왕이 행차할 때 호위하거나 외국 사신을 영접하고 전송할 때, 각종 창고와 시장에 대한 순찰 등의 임무도 담당했지.

정혜쌍수

선과 지혜를 함께 닦는다는 불교 수행 방법

고려 후기 보조국사 지눌의 사상으로 선과 지혜를 함께 닦는다는 불교 수행 방법이야. '정'은 참선과 수양을, '혜'는 교리와 지혜를 의미하여 결국 정과 혜를 둘 다 수행해야 한다는 주장이지. 참선과 수양은 선종에서 교리와 지혜는 교종에서 중요하게 생각한 것이기 때문에 정혜쌍수는 선종의 입장에서 교종을 통합하려는 사상이야.

제술과

고려 시대 문장 능력이나 정책을 보는 과거 시험 종류 중의 하나

고려 시대 과거 시험 종류 중의 하나로, 시·부·송·시무책·경학·논 등 총 6과목으로 이루어졌어. 시와 부는 오늘날의 문학과 비슷한 창작이야. 송은 창업의 영웅적인 업적이나 상서로운 일을 찬양하는 글이야. 시무책은 시정의 득실을 논하고 해결책을 제시하는 글을 쓰는 것이야. 경학은 시경, 서경, 주역, 예기, 춘추, 주례에서 출제되는 시험이고, 마지막으로 논은 역사적 사실이나 경학 중에서 중요한 의미를 지니는 부분에 대한 주관적인 견해를 쓰는 시험이야. 시험을 치를 때는 6과목을 모두 보는 것이 아니라 3~4과목이 출제되었어.

제술과는 명경과와 함께 문관을 등용하기 위한 시험이었는데, 제술과를 더욱 중요하게 여겼어. 고려 시대 제술과의 합격자 수가 6,000여 명인데 비해 명경과 합격자는 450명 정도인 것으로도 당시의 귀족들이 경학보다 문학을 숭상했음을 알 수 있지. 고위관료의 등용문인 제술과는 양반의 자제들에게만 응시 자격을 부여했어.

제왕운기

고려 시대 이승휴가 쓴 역사시

1287년 충렬왕 때 이승휴가 쓴 역사시로 단군 신화를 수록하여 민족의 자주성을 강조했어. 원나라의 간섭 속에서 편찬된 역사책으로 단군 이래 우리 나라의 역사가 중국의 역사와 대등하다는 민족적 자긍심을 고취했지. 이승휴는 〈제왕운기〉를 집필한 동기가 시대적 문제의식에서

비롯되었다고 밝혔어. 이승휴는 무신정변과 기나긴 몽골과의 항쟁으로 국가기강이 문란해지고 왕권이 약화되는 시기에 활동했어. 이런 상황에서 그는 임금의 실정과 권문세족을 비판하는 상소를 올렸다가 미움을 사고 파직되어 은둔생활을 했어. 따라서 이승휴는 〈제왕운기〉를 통해 당시 대내외적으로 어려운 국가 위기를 극복하고 정치·사회 기강을 새롭게 확립하고자 하는 소망을 표현한 거야.

〈제왕운기〉는 글의 내용을 요약하여 시로 짓는 것이 읽기에 편하다고 생각하여 7언시와 5언시로 구성했어. 상·하 2권 1책으로 엮었어. 상권은 중국의 역사를 신화 시대부터 삼황오제, 하, 은, 주의 3대와 진, 한 등을 거쳐 원에 이르기까지 7언시 264구로 엮었어. 하권은 우리 나라의 역사를 단군 건국 기록에서부터 역대 왕들의 업적까지 기록했지. 하권은 2부로 나누어 '동국군왕개구연대' 와 '이조군왕세계연대' 로 편찬했는데, 지리기 및 상고사는 7언시로, 고려 시대의 것은 5언시로 엮었어.

제위보
고려 시대 빈민 구제를 목적으로 설치한 구휼 기관

963년 광종 때 빈민 구제를 목적으로 설치한 구휼 기관으로, 빈민과 행려자의 구호와 질병 치료를 맡아보았어. 보는 일정 자본을 바탕으로 얻는 이자를 가지고 불교 사업이나 공공사업을 하는 재단을 말하는데 제위보가 빈민 구제라는 사회 사업보다는 다른 보와 마찬가지로 고리대를 행하며 많은 폐단을 가져왔지.

조계종
고려 후기를 대표하는 불교 교파의 하나

불교의 한 교파로 고려 후기의 불교를 대표하고 있지. 현재 한국 불교의 최대 종파야. 보조국사 지눌이 선종 9산을 통합하여 창시한 종파로, 고려 전기를 대표하는 천태종과 함께 고려 불교의 쌍벽을 이루지. 불경을 공부하는 것보다 참선을 통한 깨달음을 중요시하는 종파야.

천태종과 조계종 모두 교종과 선종을 통합하려 노력했어. 다만 천태종은 교종 입장에서 선종을, 조계종은 선종 입장에서 교종을 통합하려 했다는 점이 차이점이야. 그래서 천태종은 '교관겸수(가르치고 보는 것을 함께 닦는다)'의 수행 방법을, 조계종은 '정혜쌍수(선과 지혜를 함께 닦는다)'와 '돈오점수(불교의 참뜻을 깨달은 후에도 점진적인 수행을 해야 한다)'의 수행 방법을 주장했지.

또한 두 종파 모두 불교의 부패와 타락에 대해 위기의식을 느끼고 이를 고치고자 했어. 천태종은 당시 교종인 법상종이 지나치게 화려하고 보수적, 귀족적 성격을 지녔다고 비판했고, 조계종은 교종이 부패, 타락하여 승려 본분의 자세를 잃고 정치 세력과 결탁하려는 행태를 비판하며 신앙 결사 운동을 일으켰어.

두 종파를 지지하는 세력에도 차이가 있는데, 천태종은 문벌 귀족 사회의 지지를, 조계종은 무신들의 후원을 받았어.

주심포식

고려 시대 건축 양식

주심포식은 지붕의 무게를 분산시키기 위해 기둥 위에만 공포(목조 건물에서 지붕 기둥 끝에 처마의 무게를 잘 받치기 위해 만든 것)를 만든, 고려 시대 건축 양식이야. 고려 시대의 건축물은 대부분 규모가 작고 단아하여 주로 주심포 양식을 사용했지. 고려 시대 목조 건축물인 수덕사 대웅전, 부석사 무량수전, 우리 나라에서 가장 오래된 목조 건물인 봉정사 극락전이 대표적인 주심포 양식 건축물이야. 이와 대조적으로 조선 시대의 건축물은 규모가 크고 웅장하여 짜임새를 기둥 위 그리고 기둥과 기둥 사이 여러 곳에 설치한 다포식 양식을 주로 사용했어.

주전도감

고려 시대 화폐 주조를 위해 설치한 관청

1101년 숙종 때 화폐 주조를 위해 설치한 관청이야. 고려는 996년 성종 때부터 '건원중보'라는 화폐를 만들어 사용하게 했지만, 일반 백성들은 예전부터 사용하던 옷감이나 곡식으로 거래를 했고, 또 명목가치가 큰 철전을 사용하기 힘들었어. 하지만 점차 농업과 공업이 발전하여 상품 유통이 활성화되면서 보관과 운반이 편리하고 기준이 명확한 금속화폐의 필요성이 대두되었어. 송나라에 유학을 갔다 온 의천과 윤관도 금속화폐의 사용을 주장했지. 이에 1097년 숙종 때 주전관이 설치되고, 1101년 주전도감을 설치해 은병, 해동통보, 삼한중보, 동국통보, 해동중보 등의 화폐를 만들었어.

주진군

고려 시대 양계에 주둔한 지방군

고려 시대 양계(북계와 동계)에 주둔하며 국경을 지키는 임무를 맡은 지방군이야. 양계 아래 설치된 진에 주둔한 군대지. 군대의 구성원은 농민이 대부분이었고, 양반과 향리도 일부분 있었어.

주현군

고려 시대 5도에 주둔한 지방군

고려 시대 5도(서해도, 교주도, 양광도, 전라도, 경상도)에 주둔하며 각 지역의 치안을 유지하거나 평화시에는 여러 공사에 동원된 지방군이야. 5도 아래 설치된 현에 주둔한 부대지.

준풍

고려 광종 때의 연호

고려 광종 때의 연호야. 960년 광종은 중국과 동등한 입장에서 스스로를 황제라 칭하고 개성을 황도, 서경을 서도라고 불렀지. 963년까지 준풍 연호를 사용하다가 송나라와 국교를 맺은 후 송나라 연호인 '건덕'을 사용하면서 독자적 연호인 준풍은 폐지되었어.

중류층

고려 시대 귀족과 일반 백성 사이에 위치한 신분층

　　고려 시대 새롭게 등장한 신분층으로 귀족과 일반 백성 사이에 자리잡고 있으며, 주로 관청의 말단 행정직을 맡아보았어. 6품 이하의 하급 관리, 중앙 관청에서 말단 행정을 담당한 서리, 궁중에서 잡무를 처리하는 남반, 지방 행정의 실무를 담당한 향리, 하급 장교 등이 여기에 속해. 이들은 직역을 세습하였고, 그 대가로 토지를 받아 생활했어.

중방

고려 시대 무신들의 회의 기구

　　고려 무신들의 회의 기구를 중방이라고 해. 중앙군 2군 6위의 지휘관인 상장군과 대장군이 모여 군대와 관련한 일들을 회의하던 기구지. 처음에는 무신들의 세력이 약해서 큰 영향력이 없었어. 하지만 무신정변 이후부터 무신들이 중방을 중심으로 고려를 이끌었기 때문에 핵심적인 정치 기구로 변모했지. 최충헌이 세력을 잡은 이후에는 교정도감이 설치되어 중방의 역할을 대신했기 때문에 중방의 기능이 약해졌어.

중서문하성

정책을 기획하는 중서성과 정책을 심사하는 문하성을 합친 고려 최고의 정치 기구

　　고려 최고의 정치 기구인 중서문하성은 정책을 기획하는 중서성과 정책

을 심사하는 문하성을 합친 정치 기구야. 중서문하성에서는 국정 전반을 관장하며 정책을 심의·의결했어. 수상인 문하시중 아래 2품 이상의 재신과 3품 이하의 낭사가 역할을 나누어 일을 처리했지. 문하시중의 지휘 아래 재신은 국가 정책을 심의하고, 낭사는 정치의 잘못을 비판하는 일을 담당했어.

고려의 중앙 정치 제도는 당나라의 3성(중서성, 문하성, 상서성) 6부(이·병·호·형·예·공) 제도를 모방해서 만들었어. 하지만 고려 실정에 맞게 중서성과 문하성을 합쳐 중서 문하성을 만들고, 행정 실무를 총괄하는 상서성 아래 6부를 설치해 '2성 6부' 제로 완성된 거야. 그리고 중서 문하성의 고위 관리들이 상서성의 장관직을 겸직했기 때문에 상서성은 중서 문하성의 하급 기관이라 볼 수 있어.

고려 최고의 정치 기구인 중서문하성의 권한은 고려 후기에 접어들면서 도평의사사로 이동해. 무신 정권기 이후 도병마사의 기능이 확대되고, 1279년 도평의사사로 개편되면서 이 조직의 구성과 권한이 더욱 확대되었지.

고려 시대 중앙 정치 기구

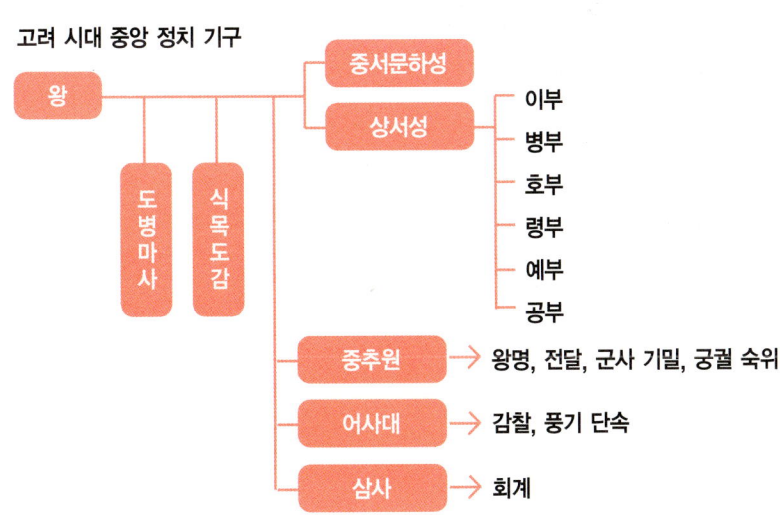

중추원

고려 시대 왕의 명령을 전달하고 군사 기밀을 다루며 궁궐 수비를 담당한 관청

중추원은 왕의 명령을 전달하고 군사 기밀을 다루며 궁궐 수비를 담당한 고려의 관청이야. 2품 이상의 추밀(군사 기밀)과 3품의 승선(왕명 전달)으로 구성된 기관으로 중서문하성 못지않은 비중을 차지했지. 중추원의 고위 관리는 중서문하성의 고위 관리와 함께 중요한 국정을 의논하는 도병마사와 식목도감에 참석했어. 고려 시대 중추원은 왕의 비서 기능을 담당했기 때문에 정치적으로 왕권을 강화하고 안정시키는 역할을 했지.

지공거

고려 시대 과거 시험을 관장한 책임 관리

지공거는 고려 시대의 과거 시험관, 즉 고려 시대 과거 시험을 관장한 책임 관리를 말하지. 지공거는 비록 임시직이었지만 명예스러운 직책이었지. 958년 광종 때 쌍기의 건의를 받아들여 과거제도를 처음으로 시행하면서 둔 직책으로, 초대 지공거는 쌍기였어. 지공거를 학사라 부르기도 했는데, 그 이유는 지공거가 거의 한림학사 중에서 임명되었기 때문이지. 과거제 초기에는 과거에 앞서 미리 지공거를 임명하여 그 폐단이 많아 공민왕 때부터는 과거 하루 전에 임명하여 폐단을 막아보려 했어.

지공거를 보좌하는 사람을 동지공거라 했는데, 두 사람을 합쳐 '좌주'라 칭했어. 그리고 좌주가 실시한 과거에서 급제한 사람을 '문생'이라 불렀지. 당시에는 과거제와 관료제가 직접 연결되는 시기였기 때문에 좌주와 문생은 아버지와 아들 관계에 비교될 만큼 집단의식을 가지고 탄탄한

유대관계를 맺었어. 좌주와 문생이 똘똘 뭉쳐 보수화되면서 개혁정치에 제동을 걸기도 했지. 그래서 공민왕은 좌주·문생 관계를 없애려고 지공거의 수를 늘리거나 국왕이 친히 지공거 역할을 하기도 했단다.

직지심체요절
세계에서 가장 오래된 현존하는 금속 활자본

현존하는 세계에서 가장 오래된 금속 활자본이 바로 직지심체요절이야. 2001년에 유네스코 세계기록유산으로 등록되었어. 충청북도 청주에 있는 흥덕사란 절에서 1377년 우왕 때 금속 활자로 찍어냈는데, 이는 독일의 구텐베르크가 인쇄한 성서보다 70여 년 앞선 거야.

〈직지심체요절〉은 고려 시대 승려 백운 화상이 부처님과 유명한 승려들의 말씀이나 편지에서 뽑은 내용을 수록한 책이야. 원래는 상·하 두 권으로 구성되어 50~100부 정도 인쇄되었을 거라 추측하는데, 현재는 하권만 1권 프랑스 국립도서관에 보관되어 있어. 아마 1866년 병인양요 때 프랑스로 건너갔을 거라 추측하고 있어. 1967년 프랑스 국립도서관 사서로 일하던 박병선 박사가 이 책을 발견하여 세상에 그 존재와 가치를 알렸어. 프랑스 국립도서관은 이 책을 매우 귀한 책으로 생각하여 단독 금고에 소중하게 보관하고 있다고 해.

직지심체는 '직지인심 견성성불'에서 나온 말로 '참선을 통하여 사람의 마음을 바르게 보면, 마음의 본성이 곧 부처님의 마음임을 깨닫게 된다.'라는 뜻이야.

진척

고려와 조선 시대 초기에 나룻배를 부리던 사공

고려와 조선 시대 초기에는 나룻배를 부리던 사공을 진척이라고 불렀어. 비록 신분은 양인(평민)이지만 천한 일을 맡았다고 해서 '신량역천' 의 계층에 속한다고 보고 있어. 이들은 반역 등에 대한 형벌로 천한 일에 종사하게 되었고, 부모의 일은 대대로 세습되었지. 또한 이들과 양인이 결혼해서 낳은 자녀도 진척에 편입되었어. 이들은 양인의 신분임에도 관직에 진출할 수 없었어. 과거 응시는 물론 승려가 될 자격도 주어지지 않았단다.

하지만 조선 시대에 들어와서는 대규모의 양인 확보책을 실시하면서 이들의 처우가 나아졌어. 제한적이지만 하급 관리로도 진출할 수 있었지.

처인성 전투

고려가 몽골의 2차 침입에 맞서 처인성에서 큰 승리를 거둔 전투

1232년 고종 때 고려가 몽골의 2차 침입에 맞서 처인성에서 큰 승리를 거둔 전투야. 1232년 고려 조정은 몽골과의 장기전투에 대비하기 위해 강화도로 수도를 옮겼어. 이에 몽골군 장수 살리타는 고려 국왕이 육지로 나올 것을 요구했지만 고려는 응하지 않았지. 살리타는 처인성(현재 용인 지역)에 도달해 전투를 벌였는데, 처인성의 부곡민들은 승려 김윤후의 지휘 아래 힘을 모아 격렬하게 맞서 싸우며 처인성을 지켜 냈어. 이 전투에서 살리타는 김윤후의 활에 맞아 죽었고, 장수를 잃은 몽

골군은 사기가 떨어져 철수했지. 처인성 전투의 승리로 몽골군은 더 이상 남하하지 못해 남쪽 지역은 전쟁의 피해를 줄였고, 처인부곡은 처인현으로 승격되었으며, 김윤후는 대장군에 임명되었으나 끝내 사양했어. 이 전투는 관군에 의해 주도되지 않은 순수한 지역민들의 자발적인 항전이었다는 점에 의의가 있어.

천리장성

고려 시대 북방의 거란과 여진의 침략을 막기 위해 쌓은 성

고려 시대 북방 이민족, 즉 거란과 여진의 침략을 막기 위해 쌓은 성으로, 1033년 덕종 때 착공해서 1044년 정종 때 완성했어. 압록강 하구에서 시작해 동해안의 도련포에 이르는 성으로, 고려 국경의 수비를 강화할 수 있었지. 참고로 7세기 고구려 시대에도 당나라를 방어하기 위해 비사성에서 부여성에 이르는 성을 쌓았는데, 이 성도 천리장성이라 불러.

천산대렵도

고려 시대 공민왕이 그린 그림

공민왕이 그린 산수화로, 비단 바탕에 천산에서 사냥하는 장면을 그린 작품이야. 현재 국립중앙박물관에 소장되어 있어. 원래는 옆으로 기다란 두루마리 그림이었던 것이 조각난 것으로 여겨지며, 현재 3쪽이 남아 있어. 힘차게 말을 달리는 인물의 모습이 가늘고 섬세하면서도 활기찬 선으로 생동감 있게 묘사되어 있어. 인물의 옷과 말장신구에 입힌 채색도 훌륭하다고 평가해. 본래 수렵도는 고구려 고분벽화에서 시작하

여 우리 나라 미술에서 종종 묘사되던 그림인데, 고려 시대에는 고구려의
전통과 몽고의 영향을 받아 활발하게 제작되었던 것으로 보여지지.

천태종

의천이 교종의 입장에서 선종을 통합하기 위해 창시한 불교의 한 종파야.

문종의 넷째 아들인 의천이 교종의 입장에서 선종을 통합하기 위해 창
시한 불교의 한 종파야. 당시 교종 내부에서도 종파별로 분열이 심했는
데, 의천은 이런 불교계를 개혁하고자 했지. 그는 몰래 송나라로 유학을
다녀온 후 흥왕사의 주지가 되어 천태종을 창시했어. 천태종에서는 '교
관겸수'의 수행 방법을 강조했는데, 이는 부처님 말씀인 경전과 깨
달음을 함께 닦아야 한다는 의미야. 교리를 연구하는 이론적인 측면
과 참선을 수행하는 실천적인 방법을 아우르고자 했던 것이지. 의천의 문
하에는 많은 승려들이 몰려왔고, 천태종은 크게 융성했어. 특히 문벌 귀
족 사회에서 성행하여 그들의 후원을 받았지. 하지만 의천이 죽은
뒤 교종과 선종은 다시 분열되고 귀족 세력과 결탁하여 귀족 중심의 불교
로 보수화되었어.

첨의부

고려 후기 문무관리의 일반적인 업무를 맡아본 행정기관

첨의부는 고려 후기 중앙행정기관으로 문무관리의 일반적인 업무를
맡아보았어. 충렬왕 때 원나라의 간섭으로 중서문하성과 상서성을 합해
설치한 기관이지. 공민왕 때 다시 중서문하성과 상서성으로 복구되었어.

청연각

궁중에 경연을 위해 설치한 건물

1116년 예종 때 궁중에 경연을 위해 설치한 건물이야. 문신들과 함께 6경을 강론하고 유학을 진흥시키기 위한 일종의 궁중 도서관이라 볼 수 있어. 청연각은 1116년 8월에 설치했다가 그 해 11월에 보문각으로 옮겼기 때문에 3개월만 운영되었어.

초조대장경

부처님의 힘으로 거란의 침입을 물리치기 위해 만든 고려 최초의 대장경

1011년 현종 때부터 1087년 선종에 걸쳐 판각한 고려 최초의 대장경이야. 부처님의 힘으로 거란의 침입을 물리치기 위해 만들었으며, 고려의 목판인쇄술 발전에 기여했지.

대장경의 조판은 흥국사, 귀법사 등 여러 사찰에서 이루어졌으며, 경판은 흥왕사 대장전에 한동안 보관하다가 대구 팔공산의 부인사로 옮겼어. 이후 1232년 고종 때 몽골군의 침입으로 부인사에 보관된 초조대장경이 불타버리자, 몽골과의 항전이라는 호국 의지를 담아 다시 대장경을 조판했어. 그것이 해인사대장경판(팔만대장경)이야. 현재 초조대장경 일부인 1715권이 일본 교토의 남선사에 보관되어 있어.

탐라총관부

고려 시대 원나라가 탐라(제주도)에 설치한 관청

1273년 원종 때 원나라가 삼별초의 항쟁을 진압한 후 탐라를 직접 다스리기 위해 '탐라국초토사'를 설치했는데, 1275년 충렬왕 때 이를 '탐라총관부'로 개편했어. 원나라는 일찍부터 일본 정벌을 위한 군사기지로 탐라를 점찍어 두었고, 목장에서 나오는 경제적 이득이 부각되자 탐라를 직접 지배했지. 이들은 목재를 징발하고 제주도 말의 수요를 충당하기 위해 목마장을 많이 개발했어. 공민왕 때 탐라총관부를 폐지했지만, 오랜 시간에 걸친 탐라총관부의 설치로 제주도에 자리를 잡은 몽골인들의 영향력은 지속되었고, 이것이 후에 반고려 운동의 원인이 되었어.

통문관

고려 시대 통역에 관한 업무를 담당한 관청

1276년 충렬왕 때 몽골과의 사신 왕래가 빈번해지자 설치한 관청이야. 품 이하의 관직에 있으며 40세 미만인 사람들을 선발해서 몽골어를 습득시켜 통역의 질을 높였지. 이후 고려 말에는 통문관을 대신해 사역원을 설치하고 통역을 전문적으로 담당하게 했지. 사역원은 조선 시대까지 존속되었는데 몽골어, 여진어, 왜학 등 통·번역의 실무를 맡아보았고, 중국에서 들어오는 새로운 과학기술의 수용에도 중요한 역할을 했어.

팔관보

팔관회 행사를 담당한 관청

고려 문종 때 팔관회 행사를 담당한 관청이야. 팔관회는 매년 10월 15일과 11월 15일에 서경과 개경에서 대규모 국가 행사로 개최했는데, 이때 필요한 비용을 충당하기 위해 설립한 기관이야. 팔관보는 팔관회가 열리는 개경과 서경 두 곳에 설치했어.

팔관회

고려 시대 연등회와 함께 대표적인 국가 불교 행사

고려 시대의 국가적인 불교 행사로 고대의 제천 행사와 불교 의식이 결합된 행사야. 고려의 왕들은 모두 팔관회를 중시했는데, 태조 왕건도 '훈요 10조'를 통해 팔관회를 꼭 열라고 강조했지. 개경에서는 11월 15일에, 서경에서는 10월 15일에 팔관회를 개최하여 국가와 왕실의 안녕과 태평을 기원하며 가무와 다과를 즐겼어. 처음에 팔관회는 불교에서 강조하는 여덟 가지 계율을 하루 동안 엄격하게 지키게 하기 위한 의식에서 출발했지. 이 의식은 고려 시대에 국가적인 큰 행사로 발전하다가 조선이 건국되면서 '숭유억불' 정책에 따라 폐지되었단다.

팔만대장경

몽골이 고려를 침입했을 때 민심을 모으고 부처님의 힘으로 몽골군을 물리치고자 하는 마음에서 제작한 대장경

대장경은 불교 경전을 종합적으로 모은 것으로 몽골 침입 후 고려 조정은 수도를 강화도로 옮겨 1236년 대장도감을 설치하고 역사적인 대규모 대장경 제작을 시작했지.

팔만대장경은 1236년 고종 때 처음 판각을 시작해서 16년에 걸쳐 1251년에 비로소 완성했어. 경판의 수가 81,258개에 이르고, 앞, 뒤 양쪽으로 새겼기 때문에 총 1만 6000여 쪽에 걸쳐 경전 말씀이 실려 있어. 각 목판의 크기는 가로 70cm, 세로 24cm, 두께 3~4cm이며 무게는 3~4kg이야. 규모가 방대함에도 내용 또한 정확하고 수천만 개의 글자 하나하나가 오·탈자 없이 모두 고르고 정교해서 역사적 가치가 매우 높은 문화유산이야. 또한 거란, 여진, 일본의 불교 경전까지 모아 정리했기 때문에 현재 존재하지 않는 중국이나 거란의 대장경 내용도 알 수 있어. 오늘날 전해지는 대장경 중에서 가장 오랜 역사를 지님과 동시에 그 내용의 완벽함으로 세계적인 가치를 인정받는 문화재야.

대장경 완성 후에는 강화도 선원사에 보관하다가 조선 건국 후 1398년 태조 때 경남 합천 해인사 장경각으로 이전하여 현재까지 보존하고 있어. 팔만대장경은 국보 제 32호임과 동시에 2007년에 세계문화유산으로 등재되었고 팔만대장경이 보존되어 있는 '해인사 장경판전'도 세계문화유산으로 지정되어, 보관시설과 보관물이 함께 세계문화유산으로 등록되어 있지. 고려 불교의 높은 수준과 문화의식을 세계가 인정하고 있는 셈이야.

풍수지리설

지형이 인간의 길흉화복에 영향을 미친다는 사상

산세, 지세, 수세 등 지형이 인간의 길흉화복에 영향을 미친다는 사상으로, 자연 현상을 인간 생활과 연결시킨 이론이지. 수도·사찰·집·묘지 등을 정할 때 방위, 땅의 기운, 산의 모양, 물의 흐름 등을 잘 살펴야 한다고 주장하지. 신라 말기 승려 도선이 중국에서 들여와 고려 시대에 크게 유행했어. 고려 수도 개경, 조선 수도 한양도 모두 풍수지리설에 근거하여 선택된 곳이야. 또한 땅의 기운이 왕성한 곳에 도읍이나 묘지를 세워도 시간이 흐르면 땅의 기운이 쇠약해져 국가나 개인의 운명이 달라질 수 있다는 내용이 알려지면서, 고려의 승려 묘청은 수도를 개경에서 서경으로 옮겨야 한다며 '서경 천도 운동'을 전개했지.

학보

고려 시대 국가에서 설치한 장학재단

고려 시대에 학교 교육을 장려하기 위해 국가에서 설치한 장학재단이야. 고려 시대에는 여러 개의 보(재단)가 있었는데, 학보는 고려의 보 중에서 최초로 설립한 재단이야. 930년 태조가 서경에 행차하여 학교를 세운 후 장학기금으로 곡식 100섬을 하사했는데, 이를 빌려주고 얻은 이자로 학교 운영을 하고 장학 사업을 전개했지.

한인전

> 고려 시대 한인에게 지급한 토지

    고려 시대 전시과라는 토지제도 하에 한인에게 지급한 토지를 말해. 한인전을 지급받는 대상은 과거에 합격한 후 아직 보직을 받지 못한 준관리, 공음전의 혜택을 받지 못하는 6품 이하의 하급관리 자제들이야. 하지만 한인의 신분과 한인전의 성격에 대해 몇 갈래의 다른 의견이 있어 개념 규정이 확실치는 않아.

해동고승전

> 승려 각훈이 고승들의 전기를 모아 편찬한 책

    1215년 고종 때 승려 각훈이 왕명을 받아 편찬한 책이야. 고대 삼국의 불교에 큰 영향을 끼친 고승들의 전기를 모은 책으로, 1·2권에 걸쳐 모두 19명 고승들의 행적이 담겨 있어.

해동중보

> 고려 시대 화폐

    고려 시대 화폐로 제조 연대는 확실하지 않으나 1102년 이후일 거라고 추측해. 현재 국립중앙박물관에 소장되어 있어. 화폐 모양은 엽전 형태로, 둥근 바탕 가운데에 정사각형의 구멍이 뚫려 있고, 상하 좌우에 '해동중보'라는 네 글자가 새겨져 있어.

해동청
사냥용 매

사냥용 매를 일컫는 말이야. 〈삼국사기〉에는 신라 진평왕이 매를 이용해 사냥을 다녔다는 기록이 있고, 〈일본서기〉에는 백제인을 통해 매사냥을 배웠다는 기록이 전해져. 이로써 우리 나라에서도 일찍부터 매사냥을 즐겼음을 알 수 있지. 고려 후기 원 간섭기 때, 매사냥을 즐기는 몽골인을 위해 해동청과 같은 매를 자주 공물로 바치고, 매를 사냥하여 기르는 전문기관인 응방을 설치하기도 했어.

해동통보
고려 시대 화폐

1102년 숙종 때 주조한 화폐야. 둥근 모양에 가운데 네모난 구멍을 뚫었으며 상하 좌우에 '해동통보'라는 글자를 새겼어. 고려는 곡식과 옷감으로 거래를 하는 물품화폐의 불편함을 극복하고, 국가재정과 경제를 활성화시키기 위해 주전도감을 설치해 화폐를 주조하여 유통시켰어. 해동통보와 비슷한 시기에 건원중보, 삼한통보, 삼한중보, 해동중보, 동국중보 등의 동전도 함께 주조되었지. 처음에 1만 5000관을 주조하여 재상·문무양반·군인에게 나누어 주고 유통을 장려했어. 하지만 시간이 지나도 화폐의 사용은 미미했고, 일반 백성들은 여전히 물품화폐를 많이 사용했어. 주화를 수용할 만한 사회 경제적 여건이 충분하지 않았고, 화폐에 대한 인식이 부족했기 때문이지.

향·소·부곡

고려 시대 특수 행정 구역

향·소·부곡은 고려 시대 특수 행정 구역으로 이곳에 거주하는 사람들은 일반 평민과 달리 천민과 비슷한 신분에 속했어. 향과 부곡에서는 농민이 거주하며 농사를 짓고, 소에서는 수공업자들이 국가에서 필요로 하는 물품을 만들거나 광산물을 채취했지. 하지만 일반 행정 구역인 군·현에 비해 더 많은 세금을 부담해야 했고, 국자감 입학과 과거 응시가 금지되는 등 차별 대우를 받아 이곳에 거주하는 백성들의 불만이 높았어. 그래서 공주에 있는 명학소에서 망이·망소이 형제가 주도한 봉기가 일어나게 된 거야.

향교

고려와 조선 시대 지방에서 유학을 가르치기 위해 설치한 교육 기관

지방에서 유학을 가르치기 위해 설치한 교육 기관으로 고려 시대부터 조선 시대까지 이어졌지. 고려는 유교를 새로운 정치 이념으로 삼았는데, 중앙의 정치 권력 구조뿐만 아니라 일반 백성 사회에도 유교 이념을 확산시키고자 했어. 이를 위해 지방에서 유학을 가르치는 교육 기관이 필요했던 거야. 1127년 인종은 여러 주에 학교를 세우라는 조서를 내렸고, 각 군과 현에 학교가 설립되었어. 향교에서는 유교 경전과 역사서를 가르쳤어.

244

향도

고려 시대 농민들이 불교 신앙 활동을 위해 조직한 단체

향도는 고려 시대 불교 신앙 활동을 위한 조직으로 농민들이 주축이 되었지. 농민들은 일상 의례와 공동 노동을 통해 공동체 의식을 키워나갔는데, 이런 공동체 조직 중에서 대표적인 것이 향도였어. 향도는 향리를 중심으로 운영되었으며, 대규모 인력이 필요한 사찰이나 불상, 석탑을 지을 때 주도적인 역할을 했지. 후기에는 종교적인 성격에서 마을 주민들의 이익을 위한 조직으로 성격이 변모했어. 그래서 혼례와 상장례 때 서로 돕고 마을 제사 등 공동체 생활을 주도하는 농민 조직으로 발전해 갔지.

향리

고려 시대 지방 행정의 실무를 담당한 계층

향리는 중앙 관청의 말단 행정직인 서리와 구분되는 지방 행정의 실무를 담당한 계층이야. 고려 시대에는 지방관이 파견되지 않은 속현이 많았기 때문에 향리의 역할이 컸어. 이들은 일반 백성과 직접 접촉하는 위치에 있으면서 조세를 걷고, 간단한 소송을 처리했으며, 많은 노동력이 필요한 각종 공사를 맡아보았어. 국가는 이들에게 직역에 대한 보수로서 '외역전'이라 불리는 토지를 지급했어. 향리 직역은 세습이 가능했기 때문에 자연스럽게 토지도 직역을 잇는 자손에게 세습되었지. 이와 대조적으로 조선 시대의 향리는 직무에 대한 대가를 받지 못했어. 이를 통해 고려 시대 향리의 사회적 지위를 짐작할 수 있지.

혜민국

고려 시대 일반 백성들의 질병 치료를 위해 설치한 의료 기관

1112년 예종 때 일반 백성들의 질병 치료를 위해 설치한 의료 기관으로 주로 빈민에게 무료로 의약품을 제공했어. 조선 시대에 '혜민서'로 명칭이 바뀌었지.

홍건적

중국 원나라 말기에 하북성 지역에서 일어난 한족 반란군

중국에서 이민족 왕조인 원나라의 지배를 타도하고 한(漢)민족 왕조인 명나라 창건의 계기를 만든 한(漢)족 반란군이야. 머리에 붉은 수건을 둘렀다고 해서 홍건적이라 불렀지. 고려 말 공민왕 때 홍건적이 원의 반격에 쫓기자 고려의 영토를 침범했어. 이때 홍건적을 물리치는 과정에서 활약이 컸던 최영, 이성계 등이 두각을 나타내며 정치적 실권을 장악하기 시작하지. 홍건적의 난을 겪으면서 고려는 사회적 혼란이 더욱 가중되고, 권문세족의 토지와 양민에 대한 약탈이 심해지면서 일반 백성들의 고통은 점점 깊어갔단다.

화약

최무선이 만든 무기

1377년 우왕 때 최무선이 만든 무기야. 화약은 중국에서 세계 최초로 발명했는데, 화약 제조 기술은 군사 기밀이어서 제조법을 터득하는 데 많

은 어려움이 있었지. 최무선은 원나라 사람 이원을 조르고, 옆에서 보며 재료들을 관찰하고, 화약을 분해하고 다시 만들며 화약의 제조 원리를 깨달아 화약 발명에 성공했어. 최무선은 화약과 화포를 제조하여 고려 말 왜구를 격퇴하는 데 큰 공을 세웠어.

화엄종
화엄경의 가르침을 따르는 불교의 한 종파

화엄경의 가르침을 따르며 부처와 중생이 하나라는 것을 기본 사상으로 하는 불교의 한 종파야. 우리 나라에서는 신라 신문왕 때 의상이 당나라에서 들여왔고, 고려 시대에는 균여가 화엄종을 크게 발전시켰어. 하지만 고려 중기 불교 종파 간에 대립이 심화되자 의천이 교단 통합 운동을 벌여 화엄종 위주의 교종을 중심으로 선종을 통합해서 천태종을 창시했어.

화통도감
고려 시대 화약을 발명한 최무선의 건의로 설치한 관청

1377년 우왕 때 최무선의 건의로 설치한 관청이야. 주로 화약과 화약 무기 제조를 담당했지. 최무선은 원나라의 군사 기밀이었던 화약 제조법을 각고의 노력 끝에 알아 내어 화약·화포 등을 만들었는데, 보다 효과적으로 화약 무기를 제작하기 위해 화통도감을 설치할 것을 건의했어. 이후 여기서 제조된 각종 화약무기는 왜구를 격퇴할 때 큰 위력을 발휘했어.

태조 왕건이 자손들에게 귀감으로 남긴 10가지 유언

943년 태조 왕건이 자손들에게 귀감으로 남긴 10가지 유언이야. 여기에는 태조의 신앙과 사상, 고려 초기 정책과 규범 등이 잘 드러나 있어. 불교를 숭상하고, 풍수지리설을 중요하게 여기며, 왕위는 장자가 잇는 것을 원칙으로 하고, 북진 정책을 추진하고, 거란을 멀리하며, 백성들의 부담을 가볍게 하고, 역사를 오늘날의 교훈으로 삼을 것 등을 주요 내용으로 담고 있지.

〈훈요 10조〉

1. 불교의 힘으로 나라를 세웠으므로, 사찰을 세우고 주지를 파견하여 불도를 닦도록 할 것
2. 도선의 풍수 사상에 따라 사찰을 세우고, 함부로 짓지 말 것
3. 왕위는 맏아들이 잇는 것을 원칙으로 하되, 맏아들이 어질지 못하면 그 다음 아들에게 전해 주고, 그 아들도 어질지 못하면 형제 중에서 여러 사람의 추대를 받은 자에게 전해 줄 것
4. 우리 나라와 중국은 지역과 사람의 인성이 다르므로 중국 문화를 반드시 따를 필요가 없으며, 거란은 짐승과 같은 나라이므로 그들의 의관 제도는 따르지 말 것
5. 서경은 우리 나라 지맥의 근본이 되니 세 달마다 가서 백일 이상 머무를 것
6. 연등은 부처를 섬기는 것이고, 팔관은 하늘, 산, 물, 용신을 섬기는 것이므로 성실하게 열 것
7. 왕이 된 자는 바른 말을 받아들이고 남을 헐뜯는 말을 멀리할 것
8. 차령 산맥 이남과 공주강 밖의 사람들은 쓰지 말 것
9. 관리들의 녹봉을 함부로 가감하지 말고, 농민들의 부담을 가볍게 할 것
10. 널리 경전과 역사서를 읽어 옛일을 거울삼아 오늘을 경계할 것

— 고려사

12목

전국의 주요 지역에 12개의 목을 설치한 고려 지방 제도

12목은 최승로의 시무 28조 내용을 성종이 수용해서 만든 지방 행정 조직이야. 983년 성종 때 정비한 고려 지방 제도로, 전국의 주요 지역에 12개의 목을 설치했지. 목은 오늘날의 광역시에 해당하며 12개의 목에는 목사를 파견했어. 이를 통해 고려가 중앙집권정책을 추진하여 지방에 대한 중앙 정부의 통제권을 행사하기 시작한 거라고 볼 수 있어. 이전에는 주로 호족 세력이 지방을 지배했지만 이후 고려의 지방 행정은 5도와 양계, 경기로 정비되었지.

2군 6위

고려 시대 중앙 군사 제도

고려 시대는 군사 제도를 정비하면서 중앙군을 2군 6위로 구성했어. 2군은 국왕의 친위 부대로 궁궐과 왕실을 지켰으며, 6위는 수도인 개경과 국경 지방의 방어를 담당했지. 이들은 직업 군인들로 구성되었고, 일부는 세습이 가능한 군인전을 지급받았어. 그리고 각 부대의 지휘관과 부지휘관이 모여 중방을 만들어 중요한 군사 문제를 논의했지.

2성 6부
고려의 중앙 정치 조직

중국 당나라의 3성 6부제를 고려의 실정에 맞게 고친 고려의 중앙 정치 조직이야. 2성은 중서문하성과 상서성, 6부는 상서성 아래 이부·병부·호부·형부·예부·공부로 이루어졌지. 중서문하성은 고려 최고의 정무 기관으로 국정 전반을 관장하고 정책을 심의·결정하는 기관이야. 상서성은 오늘날의 행정부와 비슷한 기관으로 6부를 거느리고 다양한 분야의 행정을 담당했지.

3경
고려 시대 중요한 3개의 도시

개경(개성), 서경(평양), 동경(경주)은 고려 시대 중요한 도시로 3경이라 불렀어. 이 세 도시는 모두 이전에 한 번씩 수도로 정해진 곳으로, 풍수지리설의 영향을 받아 뽑혔지. 고려 후기에는 동경 대신 남경(서울)이 3경에 들어갔어.

5도 양계
고려 시대의 지방 행정 조직

5도는 일반 행정 구역으로 안찰사를 파견했어. 5도는 서해도(황해도), 교주도(강원도), 양광도(경기도, 충청도), 경상도, 전라도로 구성되었지. 5도 아래에는 주, 부, 군, 현을 두었는데, 안찰사가 오늘날의 도지사처럼 도

전체를 다스리지는 못했어. 주, 부, 군, 현에는 마을의 크기와 지리적 중요성에 따라 지방관을 파견했지. 양계는 군사 행정 구역으로, 이민족과 국경을 접한 지역에 북계와 동계를 설치하고 병마사를 파견하여 관리했어.

7대 실록
고려 시대 7대 왕에 걸친 사적을 모은 책

고려 시대 7대 왕에 걸친 역사상 중요한 사건과 그 자취를 모은 책으로 태조, 혜종, 정종, 광종, 경종, 성종, 목종의 실록이야. 고려는 국초부터 역사를 기록하는 관리를 두어 태조 이래의 사실을 기록으로 남겼고, 광종 때는 궁중 안에 사관을 설치해 사료를 보관했어. 하지만 1011년 거란의 침입으로 사관이 소실되면서 이곳에 있던 사료들도 모두 불타버렸지. 이에 현종은 1013년 황주량 등 관리에게 실록을 편찬할 것을 명했고, 1034년 7대 실록이 완성되었어. 총 36권이었는데 아쉽게도 현재는 전해지지 않아.

7재
고려 시대 국학의 진흥을 위해 국자감에 설치한 7개의 전문 교육 강좌

1109년 예종 때 국학의 진흥을 위해 국자감에 설치한 7개의 전문 교육 강좌야. 6개의 유학 강좌와 1개의 무학 강좌를 개설했는데, 이는 그동안 문인 관료만을 양성한 교육과정에 변화를 주어 무인 관료의 양성에도 힘을 썼다는 데 의의가 있어. 북방 민족과의 계속된 전쟁으로 무신 관료의 필요성을 깨달은 것이지. 하지만 인종 때 문·무 양학 간에 불화가 생긴다는 이유로 무학재는 폐지되었어.

9재 학당

고려 중기 최충이 설립한 사립학교

　　9재 학당은 사립학교로 최충이 고려 중기에 설립했어. 최충은 당시 문하시중(중서문하성의 수상으로 오늘날의 국무총리)을 역임했기 때문에 9재 학당을 세우자 전국의 유학생들이 이곳에 들어가려고 몰려들었어. 국립대학인 국자감과 비슷한 교육을 실시했으며, 문벌 귀족의 자제 중에서 선발해 과거를 준비시켰어. 9재 학당은 관학인 국자감이 쇠퇴한 시기에 교육의 진흥을 위해 개인이 설립해 고려의 사학 발전에 큰 공헌을 했으며, 관학을 대신하는 역할을 담당했어. 최충이 죽은 후에는 그의 시호를 따라 '문헌공도'라고 불리며 오랫동안 존속되었어. 또한 9재 학당의 교육성과가 크자, 저명한 학자들이 11개의 사립학교를 설립하여 9재를 포함해 총 12개의 사립학교가 있었는데, 이를 '사학 12도'라고 불러. 사학의 융성으로 더욱 위축된 관학은 서적포와 양현고를 설치하는 등 여러 가지 관학 진흥 정책을 세우게 되지.

꼭 나오는
중학교
서술형
문제

부록

선사 시대와 고조선

1   신석기 혁명으로 인류의 생활은 어떻게 달라졌는지 구석기 시대와 비교하여 서술하시오.

> **예시 답안** 구석기 시대에는 사냥이나 어로, 채집을 하며 동굴에서 이동 생활을 했지만, 신석기 혁명으로 농경 생활과 가축을 사육하기 시작하면서부터 인류는 움집을 지어 정착 생활을 시작하게 되었다.

---

2   신석기 시대에 사용했던 돌낫이나 갈판과 갈돌과 같은 도구를 통해 알 수 있는 당시 생활 모습에 대해 서술하시오.

> **예시 답안** 돌낫은 곡식을 추수할 때 사용하던 도구였으며, 갈판과 갈돌은 곡식을 갈아서 음식을 만들 때 사용하던 도구였다. 이를 통해 신석기 시대 사람들은 농경 생활을 하였다는 것을 짐작할 수 있다.

---

3   청동기 시대에 청동기를 만드는 주물틀을 무엇이라고 하는지 쓰시오.

> **예시 답안** 거푸집

4 청동기 시대의 대표적인 유물인 고인돌과 청동검, 청동 거울, 청동 방울을 통하여 알 수 있는 청동기 시대의 사회 모습에 대해 구체적으로 서술하시오.

예시 답안 고인돌은 지배자의 무덤이고 청동검, 청동 거울, 청동 방울은 지배자의 장신구이자 무기로 제사용 도구로 사용되기도 하였다. 제시된 유물은 모두 지배자들의 것으로 지배 계층과 피지배 계층이 존재하는 불평등 사회였으며 제정일치 사회였음을 알 수 있다.

5 청동기 시대에 추수할 곡식의 이삭을 자르던 도구가 무엇인지 쓰시오.

답안 반달 돌칼

6 청동기는 만들기도 어려웠고 재료도 충분하지 않아 대량으로 생산하기 어려웠다. 이를 통해 알 수 있는 청동기 시대 지배 계층과 피지배 계층의 도구 사용의 특징을 서술하시오.

예시 답안 청동기는 주로 지배 계급의 무기나 장신구로 쓰였으며, 피지배 계층은 대부분 돌이나 나무로 만든 생활 도구를 사용하였다.

7 고조선의 8조 법을 통해 알 수 있는 당시 사회의 특징을 서술하시오.

> ── 보기 ──
> (ㄱ) 사람을 죽인 자는 사형에 처한다.
> (ㄴ) 남을 다치게 한 자는 곡물로 갚는다.
> (ㄷ) 도둑질한 자는 잡아다 종으로 삼는다. 용서를 받으려면 많은 돈을
>   내야 한다.

예시답안 (ㄱ)을 통해 생명을 중시했음을 알 수 있으며, (ㄴ)을 통해서는 농경 중심 사회였다는 것을 알 수 있고, (ㄷ)을 통해 불평등 사회(계층 사회)였다는 것과 화폐를 사용했다는 것을 알 수 있다.

---

8 철기 시대에 철제 농기구와 철제 무기가 제작되면서 달라진 사회 모습에 대해 서술하시오.

예시답안 철제 농기구의 사용으로 농업 기술이 발달하고 농업 생산량이 빠르게 늘어나 인구도 많이 늘어났다. 철제 무기의 사용으로 부족 간의 전쟁이 훨씬 더 활발해졌다.

---

9 철기 시대의 대표적인 무덤 양식 두 가지와 각 무덤의 주요 분포 지역에 대해 서술하시오.

예시답안 철기 시대의 대표적인 무덤 양식은 널무덤과 독무덤이며 널무덤은 낙동강 유역에 주로 분포하고, 독무덤은 영산강 유역에서 많이 발견되었다.

10 명도전이나 반량전, 오수전 등의 중국 화폐와 다호리 붓과 같은 유물이 출토되는 것으로 보아 알 수 있는 사실을 각각 서술하시오.

예시 답안 우리 나라에서 명도전, 반량전, 오수전과 같은 중국 화폐가 출토되는 것으로 보아 당시 중국과 활발하게 교류하였다는 것을 알 수 있다. 철기 시대의 무덤에서 발견된 다호리 붓을 통해 한자를 사용했다는 사실과 중국과의 교역이 이루어졌음을 알 수 있다.

11 삼한에서 천군이 제사를 주관하던 곳으로 범죄자가 도망하여도 잡을 수 없는 신성한 지역을 무엇이라고 하는지 쓰시오.

답안 소도

삼국 시대

1 백제의 건국 설화와 석촌동 돌무지 무덤의 형태를 통해 짐작할 수 있는 사실을 서술하시오.

예시답안 백제의 건국 세력이 고구려계 유이민이었음을 알 수 있다.

---

2 고구려와 백제, 신라에는 모두 귀족 회의가 있었다. 귀족 회의가 만들어진 목적과 각 나라의 귀족 회의의 이름을 쓰시오.

예시답안 귀족 회의는 국가의 중대사를 결정하던 기관으로 왕권을 견제하기 위한 목적으로 만들어졌다. 고구려는 제가 회의, 백제는 정사암 회의, 신라에는 화백 회의가 있었다.

---

3 고구려, 백제, 신라의 왕실이 불교 수용에 앞장섰던 목적을 서술하시오.

예시답안 삼국은 왕실의 권위를 높이고 국민의 사상을 통일하기 위해 불교를 적극 수용하였다.

4 고구려, 백제, 신라의 대표적인 역사책을 쓰고, 삼국이 역사책을 편찬한 목적을 서술하시오.

예시답안
:: 삼국의 역사책 : 고구려는 〈유기〉와 〈신집〉, 백제는 〈서기〉, 신라는 〈국사〉가 대표적인 역차책으로 편찬되었다.
:: 삼국은 왕의 권위를 높이고 각 나라의 역사를 정리하기 위한 목적으로 역사책을 편찬하였다.

....

5 신라의 금동 미륵보살 반가 사유상과 일본의 고류사 목조 미륵보살 반가 사유상, 고구려의 수산리 고분 벽화와 일본의 다카마쓰 고분 벽화는 유사한 점이 많은 두 나라의 유물이다. 이를 통해 알 수 있는 사실을 서술하시오.

예시답안
두 나라 유물 간의 유사성을 통해 당시 삼국의 문화가 일본에 전파되었음을 알 수 있다. 삼국의 문화가 일본에 전파되어 일본의 고대 아스카 문화가 발달할 수 있었다.

....

6 중원 고구려비를 통해 짐작할 수 있는 사실은 무엇인지 서술하시오.

예시답안
고구려가 장수왕 때, 한강 유역을 점령하고 한반도 중부 지방(죽령 일대~남양만)까지 진출했다는 사실을 알 수 있다.

7   고구려가 국내성에서 평양으로 도읍을 옮긴 이유를 두 가지 이상 서술하시오.

> **예시 답안** 장수왕은 대동강 유역의 비옥한 평야 지대인 평양으로 도읍을 옮겨 경제적 기반을 확보하는 한편, 남진 정책을 위한 후방 기지를 마련하였다. 또한, 안으로는 국내성에 기반을 가진 귀족 세력을 약화시켜 왕권을 강화하고자 하였다.

---

8   고구려가 수 · 당과의 거듭된 싸움에서 승리할 수 있었던 원동력은 무엇인지 자세히 서술하시오.

> **예시 답안** 고구려가 수당과의 싸움에서 승리할 수 있었던 원동력은 잘 훈련된 군대와 강인한 정신력에 있었다. 그리고 견고한 성곽을 활용한 방어 체제와 뛰어난 전투력, 요동 지방의 철광 지대를 확보한 데 있었다.

---

9   백제의 세 수도를 순서대로 쓰고, 백제가 수도를 세 번이나 옮긴 이유를 서술하시오.

> **예시 답안**
> :: 백제의 수도: 위례성 → 웅진성 → 사비성
> :: 수도를 옮긴 이유 : 백제가 문주왕 때 위례성에서 웅진성으로 수도를 옮긴 이유는 장수왕의 공격으로 한강 유역을 잃었기 때문이며, 웅진성에서 사비성으로 옮긴 이유는 6세기 성왕 때 나라의 부흥을 위해서였다. 웅진성은 비좁았으며 사비성은 넓은 벌판이었기 때문이다.

10 신라의 독특한 신분 제도로 능력과 상관없이 신분에 따라 정치 진출을 제한하여 국가의 발전을 가로막았던 이 제도는 무엇인지 쓰시오.

 골품제

11 신라의 삼국 통일이 갖는 역사적 의의와 한계에 대해 서술하시오.

예시 답안 신라의 삼국 통일은 우리 민족 최초의 통일로 새로운 민족 문화를 이루는 토대가 되었고 당나라를 물리치고 통일을 이룩했다는 점에서는 신라인들의 자주적인 성격을 엿볼 수 있다. 반면에 통일 과정에서 신라가 당나라를 끌어들였다는 점과 대동강 이남 지역으로 한정되어 고구려의 옛 영토를 많이 잃어버렸다는 한계가 있다.

통일 신라와 발해

1 신라의 승려 혜초가 인도와 부근의 여러 나라를 순례하면서 쓴 여행기가 무엇인지 쓰시오.

답안 왕오천축국전

2 9세기 초 '바다의 왕자' 로 세력을 떨친 대표적인 해상세력으로 해외무역에 종사하여 크게 이름을 떨친 인물과 그가 완도에 설치한 것이 무엇인지 쓰시오.

답안 장보고, 청해진

3 중앙 귀족이면서도 관직 승진의 제한을 받아서 골품제의 모순을 앞장서서 비판한 세력을 쓰시오.

답안 6두품

4   발해는 어느 나라의 계승 의식을 바탕으로 건국되었으며, 발해의 건국으로 통일 신
    라와 발해가 양립하는 시대를 무엇이라고 하는지 서술하시오.

    예시 답안 발해는 고구려 계승 의식을 바탕으로 건국되었으며, 통일 신라와
    발해가 양립하는 시대를 남북국 시대라 한다.

5   발해가 고구려 계승 의식을 뚜렷이 하였다는 사실을 뒷받침할 수 있는 근거를 서술
    하시오.

    예시 답안 발해가 일본에 보낸 외교 문서에 발해왕을 고구려왕이라 칭하였으
    며, 발해를 고구려라고 하였다.

6   발해의 3성은 정당성을 중심으로 운영되었으며, 정당성 아래 6부가 나랏일을 나누
    어서 처리하였는데 명칭과 운영이 당나라와 달랐다. 이같은 발해의 통치 제도를 통
    해 알 수 있는 사실을 서술하시오.

    예시 답안 발해의 통치 제도는 당나라의 제도를 모방하고 있으나 운영 방식은
    독자적인 방식으로 운영되었음을 알 수 있다.

7   발해가 가장 융성했던 시기인 9세기 성왕 때, 중국에서 발해를 "동쪽의 융성한 나라"라는 뜻으로 무엇이라고 불렀는지 쓰시오.

 해동성국

---

8   신라 말기에 스스로를 성주나 장군이라 자처하며 지방을 직접 다스리던 세력의 이름과 그런 세력이 등장하게 된 배경을 중앙 정치와 연관지어 서술하시오.

 세력 : 호족

호족의 등장 배경 : 신라 말기 중앙 귀족들의 극심한 왕위 다툼과 왕권 약화로 중앙의 지방에 대한 통제력이 약해졌다. 이로 인해 호족과 같은 지방 세력이 등장하게 되었다.

---

9   신라 말기 황해안의 해상세력과 도적 떼 등을 군사적인 기반으로 흡수하여 자립한 후 완산주에 도읍을 정하고 후백제를 세운 인물과, 신라 왕족 출신으로 송악에 도읍을 정하고 후고구려를 세운 인물을 각각 쓰시오.

 후백제를 세운 인물 : 견훤
후고구려를 세운 인물 : 궁예

고려 시대

1 고려의 후삼국 통일의 의의를 서술하시오.

> **예시 답안** 고려의 후삼국 통일의 의의는 크게 세 가지로 정리할 수 있다. 첫째, 지방에 기반을 두고 있던 **호족 세력**이 통일신라 시대의 중앙 귀족을 몰아내고 새로운 지배 세력으로 등장해 고려를 건국하는데 큰 역할을 하였다. 둘째, 삼국 출신의 세력을 비롯해 발해인까지 받아들여 **실질적인 민족 통일**을 이루었다. 셋째, 고구려, 백제, 신라의 다양한 문화를 바탕으로 **다양성과 개방성을 특징으로 하는 새로운 문화**를 만들었다.

2 다음 글을 읽고, 왕건이 다음과 같은 통일 정책을 펼친 이유를 각각 서술하시오.

---보기---

- 왕건은 세금을 줄여 백성들의 부담을 덜어주는 한편, 군대의 규율을 엄격하게 하여 민폐를 끼치지 않게 하였다.
- 태조는 북진 정책을 추진해 청천강과 영흥만에 이르는 선까지 영토를 넓혔다.

> **예시 답안** 세금을 줄여주고, 군대의 규율을 엄격하게 한 것은 삼국 **백성들의 마음을 끌어들이기 위해** 민심을 중시해 **애민정책**을 펼친 것이다. 또 왕건이 **북진 정책**을 추진한 것은 고려가 **고구려를 계승한 나라**라고 생각했기 때문이다.

3 태조 왕건이 다음과 같이 기인 제도와 사심관 제도를 실시한 이유를 서술하시오.

───── 보기 ─────

- 건국 초에 향리의 자제를 뽑아 서울에서 인질로 삼고, 그 고을 일을 담당하게 하였다. 이를 기인이라 하였다.
- 중앙의 고관이 된 사람에게 자기 출신지의 사심관이 되게 하였다. 사심관은 호장 추천권이 있으며 부호장 이하의 향리를 임명할 수 있었으며, 그 지방의 치안에 대한 연대 책임, 풍속 교정, 공무조달을 맡았다.

예시답안 태조 왕건은 기인 제도로 지방에 거주하는 유력한 호족을 견제하기 위해 그의 자녀 중 한 명을 중앙에 인질로 잡은 것이고, 사심관 제도로 호족 출신인 중앙 관직자를 출신 지역이 아닌 수도 개경에 머무르게 한 것이다. 태조는 지방 세력을 견제하기 위해서 이러한 정책을 실시하였다.

---

4 광종 때 실시한 다음 정책의 목적을 서술하시오.

───── 보기 ─────

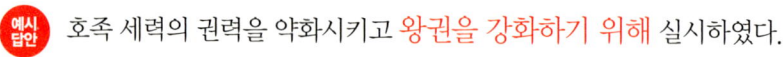

- 노비안검법
- 과거 제도

예시답안 호족 세력의 권력을 약화시키고 왕권을 강화하기 위해 실시하였다.

5 다음 고려의 정치기구에 대해 설명하고, 이를 통해 알 수 있는 고려 시대 정치의 특징을 서술하시오.

보기

• 도병마사   • 식목도감

예시답안 도병마사와 식목도감은 중서문하성과 중추원의 고관들이 모여 국가의 중요한 정책을 의논하고 결정하는 회의 기구이다. 이러한 정치기구는 고려가 문벌 귀족 중심 사회였다는 것을 잘 보여주고 있다.

6 향, 소, 부곡에 대해 설명하고, 고려가 이를 설치한 목적을 서술하시오.

예시답안 향, 소, 부곡은 고려의 특수 행정 구역으로 향과 부곡의 주민들은 농업에 종사하였고, 소의 주민들은 수공업자들로 국가에서 필요로 하는 물품을 생산했다. 이 지역의 거주민은 양민과 달라서 그 신분이 노비·천민에 유사했고, 국자감 입학이나 과거 응시가 금지되고, 정해진 세금 외에 특별한 세금을 더 내야 하는 등 차별을 받았다. 고려가 향, 소, 부곡을 설치한 이유는 뒤떨어진 지역을 개발하고 국가에 필요한 물품을 생산하기 위함이었다.

7 고려가 강동 6주를 확보하게 된 계기와 그 의의를 서술하시오.

> (예시 답안) 강동 6주는 거란의 1차 침입 때 서희가 거란의 소손녕과 외교 담판을 벌여 획득한 지역이다. 이 지역을 차지한 고려는 영토를 압록강까지 확대하게 되었다.

---

8 다음 기구에 대해 각각 설명하시오.

보기
• 광군	• 별무반

> (예시 답안) 광군은 거란의 침입에 대비해 조직된 특수부대이고, 별무반은 여진을 정벌하기 위해 윤관이 조직한 특수부대이다.

---

9 다음 단어를 활용해 고려 시대 여성의 지위에 대해 서술하시오.

보기
• 재가	• 상속	• 제사	• 호적

> (예시 답안) 고려 시대는 여성의 사회적 지위가 높았다. 여성의 재가가 자유로웠고, 재산을 상속할 때도 남녀 차별이 없었다. 또한 딸이 부모님의 제사를 지내는 경우도 있었으며 성별에 관계없이 태어난 순서대로 호적에 기재하였다.

10 다음 기구에 대해 설명하고, 국가가 다음과 같은 기구를 설치한 목적을 서술하시오.

> **─ 보기 ─**
> • 의창   • 상평창

예시답안 의창은 봄에 곡식을 빌려주고 가을 추수기에 갚도록 한 고려의 빈민 구호 기관이고, 상평창은 풍년에 곡식의 가격이 떨어지면 시가보다 비싼 값으로 사 저축했다가 흉년이 들어 곡물 가격이 오르면 시가보다 싼 값으로 팔아 가격을 조절한 고려의 물가 조절 기관이다. 이러한 기구는 백성의 생활을 안정시키기 위해 설치하였다.

---

11 묘청의 서경 천도 운동이 일어난 배경을 서술하시오.

예시답안 고려 시대 대표적 문벌 귀족이었던 이자겸이 난을 일으켜 왕권을 넘볼 정도로 개경의 문벌 귀족의 세력은 막강해졌다. 이에 묘청은 문벌 귀족의 세력을 약화시키려면 수도를 다른 곳으로 옮겨야 한다고 생각했다. 이처럼 특정 가문의 정치 권력 독점, 이자겸의 난 이후 왕실의 권위 약화, 금과 사대의 예를 맺은 데 대한 불만을 이유로 일어난 것이 바로 묘청의 서경 천도 운동이다. 또한 당시 유행한 풍수지리설도 서경 천도 운동에 영향을 주었다.

12 무신정권 시대에 다음과 같은 농민과 천민의 봉기가 일어나게 된 배경을 서술하시오.

┌─────────────── 보기 ───────────────┐
│ • 만적의 난   • 망이, 망소이의 난   • 전주 관노의 난 │
└──────────────────────────────────┘

🔴 예시 답안 백성들의 지지로 정변에 성공한 무신 집권자들은 백성들의 생활에는 관심이 없고, 오로지 자신들의 권력 다툼에만 관심이 있었다. 또한 무신 집권자들의 가혹한 조세와 토지 수탈로 농민과 천민들의 생활은 더욱 힘들어졌다. 여기에 노비 출신 무신 집권자의 등장으로 인한 신분 상승에 대한 기대감이 생겨 농민과 천민의 봉기가 자주 일어났다.

---

13 다음 기구와 최씨 무신정권의 관계에 대해 서술하시오.

┌─────────────── 보기 ───────────────┐
│ • 교정도감   • 도방   • 정방   • 삼별초 │
└──────────────────────────────────┘

🔴 예시 답안 최씨 정권은 4대 60여 년 간 고려를 장악했다. 이때 바탕이 된 권력 기반이 바로 도감, 정방, 삼별초이다. 정치적 기반으로 교정도감과 정방을 두었고, 군사적 기반으로 도방과 삼별초를 두었다.

14 삼별초 항쟁의 역사적 의의를 서술하시오.

> **예시답안** 삼별초는 강화도, 진도, 제주도로 옮겨 몽골에 대한 항쟁을 계속하였다. 결국 제주도에서 여·몽 연합군에게 진압되었지만 **몽골에 끝까지 맞서 싸워 외세에 저항한 고려인의 자주 의식**을 보여 주었다.

---

15 고려 왕 이름 앞에 '충' 자가 붙은 이유를 서술하시오.

> **예시답안** 원나라 간섭기에 고려는 **원나라의 사위국(부마국)**이 되었다. 따라서 **원나라에 충성을 바친다는 의미**로 왕의 이름 앞에 '충' 자를 붙인 것이다.

---

16 다음과 같은 공민왕의 개혁 정치의 목적과 실패한 이유를 서술하시오. (각각 두 가지)

┌─────────────────── 보기 ───────────────────┐
| • 정동행성 폐지   • 철령 이북의 영토 회복 |
| • 관제 복구   • 몽고풍 금지   • 정방 폐지 |
└──┘

> **예시답안** 공민왕은 개혁 정치를 통해 원의 간섭으로부터 벗어나 **자주성을 확보**하는 한편, 친원파를 몰아내 **왕권을 강화**하려고 했다. 하지만 이러한 개혁 정치는 실패로 돌아갔다. 공민왕의 개혁 정치가 실패한 이유는 **홍건적과 왜구의 침입**으로 국내, 국외 정세가 불안해졌고, **개혁을 추진할 세력이 약했기 때문**이다.

17 신돈이 설치한 전민변정도감의 역할을 서술하시오.

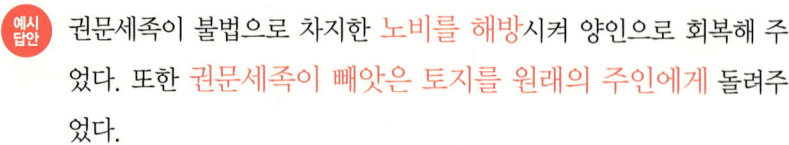 권문세족이 불법으로 차지한 노비를 해방시켜 양인으로 회복해 주었다. 또한 권문세족이 빼앗은 토지를 원래의 주인에게 돌려주었다.

18 성리학의 도입이 고려사회에 미친 영향을 서술하시오

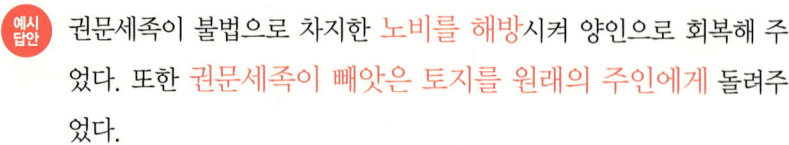 성리학의 도입으로 고려의 정신적 지주였던 불교는 쇠퇴하였다. 또한 성리학이 새로운 국가 사회의 지도 이념으로 등장하였다.

19 과전법과 당시 집권 세력의 경제적 기반을 연결해 설명하시오.

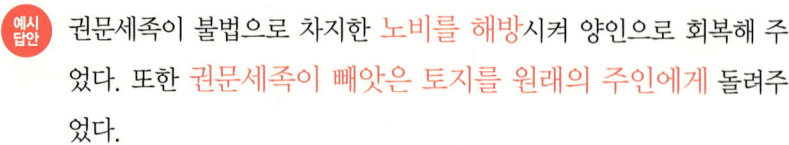 고려 말 공양왕 때 이성계 등 무인 세력과 신진사대부는 전시과를 폐지하고 과전법을 제정하였다. 이는 권문세족의 토지를 몰수해 당시 집권세력이었던 신진사대부 중심의 관료들에게 다시 분배해 이들의 경제적 기반을 마련해 준 것이다.

20 〈삼국유사〉와 〈제왕운기〉가 쓰인 배경을 서술하시오.

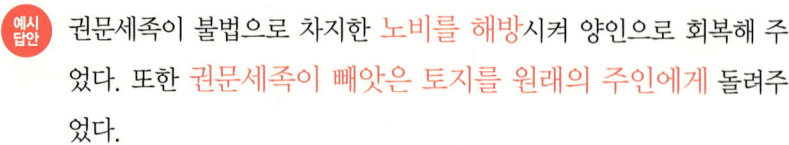 무신정변과 몽골의 침략으로 사회가 혼란해지고, 위기의식이 팽배해졌다. 이에 고려 사회에서는 민족의 자주 의식을 바탕으로 역사를 이해하려는 경향이 나타났고, 그 결과가 바로 〈삼국유사〉와 〈제왕운기〉이다.

21 고려 말 고려 사회를 침략했던 왜구에 대해 설명하고, 이로 인한 국가의 재정적 피해를 설명하시오.

예시 답안 왜구는 일본의 쓰시마 섬에 근거를 둔 해적이다. 이들은 고려의 해안 지방에 침략해 노략질을 일삼았으며 공민왕 때는 강화도까지 약탈당하고 고려의 수도인 개경까지 위협받았다. 이들의 침입으로 세금의 해상 운송이 어려워졌고, 고려의 국가 재정은 궁핍하게 되었다.